Nieve en primavera
Crecer en la China de Mao

Editorial Bambú
es un sello de Editorial Casals, S.A.

© 2008, Moying Li
© de esta traducción Noemí Risco
© 2009, Editorial Casals, S.A.
Tel.: 902 107 007
www.editorialbambu.com
www.bambulector.com

Diseño de la colección: Miquel Puig
Ilustración de la cubierta: Albert Asensio

Título original: *Snow Falling in Spring*

Tercera edición: abril de 2013
ISBN: 978-84-8343-091-0
Depósito legal: M-48.660-2010
Printed in Spain
Impreso en Anzos, S. L., Fuenlabrada (Madrid)

Nieve en primavera

Crecer en la China de Mao

Moying Li

Traducción: Noemí Risco

bambú

EDITORIAL

Nieve en primavera es una obra de no ficción. Se han modificado algunos nombres y algunos detalles distintivos, y los acontecimientos y las conversaciones son necesariamente reconstrucciones basadas en el recuerdo de la autora.

*Le dedico este libro a mi abuela, Lao Lao,
mi ángel de la guarda.*

春思

雪罷枝即青
冰開水復綠
復聞黃鳥聲
全作相思曲

王僧儒

南朝梁

El recuerdo de la primavera

Cuando la nieve cesa,
las hojas se vuelven verdes.
Cuando el hielo se derrite,
el agua brilla azul.
El pájaro amarillo vuelve a gorjear,
y todos cantan una canción de recuerdos.

Wang Sengru,
un poeta de las dinastías del sur (Liang), del siglo VI.

Prefacio

Han pasado treinta años desde el final de la Revolución Cultural, pero aquella época dramática y todos los acontecimientos históricos que la precedieron todavía los siento muy próximos y personales. Mi abuela, Lao Lao, nació a principios del siglo veinte en Pekín, la antigua capital de China. Entonces se llamaba Beiping (Peiping), que significaba «paz en el norte». Sin embargo, durante su infancia hubo cualquier cosa menos paz. En aquella época China fue asolada por la guerra y el gobierno de Beiping cambió de manos muchas veces, desde la última dinastía imperial hasta la primera república. Incluso después de que se fundara en 1912 la República de China, los señores de la guerra se disputaron el poder y crearon una situación tan caótica que, según me contó Lao Lao, era difícil saber quién luchaba contra quién.

El caos empeoró cuando en 1931 los japoneses invadieron las provincias del nordeste de China y poco después instauraron un régimen títere bajo el último emperador, Pu Yi. En 1937, cuando las tropas japonesas atacaron Lugouqiao, lo que se conocía en el mundo occidental como el puente de Marco Polo, a treinta kilómetros de la capital, los enfrentamientos terminaron en una guerra de ámbito nacional. Siguieron ocho años más de batallas sangrientas contra los japoneses, encabezadas por las fuerzas aliadas de los nacionalistas, bajo el mando de Chiang Kai-shek, y los comunistas, bajo el mando de Mao Zedong.

A los catorce años, mi padre, Baba, entró en combate contra los invasores japoneses, primero como estudiante en Beiping con la resistencia clandestina y luego, a los quince, como soldado. Finalmente, después de la victoria de China sobre Japón, la frágil alianza entre los comunistas y los nacionalistas se rompió, y dio lugar a cuatro años de guerra civil entre estos dos antiguos aliados. Baba luchó en el bando de los comunistas. Y ganaron. En 1949, cuando el presidente Mao anunció al mundo la fundación de la República Popular China, Baba entró a la antigua capital entre las tropas liberadoras. Por primera vez creyó que nosotros, los chinos, nos habíamos convertido en los dueños de nuestro propio destino.

En 1958 el gobierno, dirigido por el presidente Mao, lanzó el Gran Salto Adelante. Mediante la movilización de la energía y el entusiasmo de cada rincón de la sociedad china, los líderes creían que podríamos alcanzar a Occidente en sólo diez o veinte años, con un único paso de gigante. Con cuatro años de edad incluso yo me vi afectada por aquella euforia desenfrenada. Pero en vez de un «gran salto», lo que experimentamos fueron tres años de desastres naturales y humanos, cuando las sequías y los insectos arruinaron las cosechas, y millones de personas murieron de inanición.

Casi inmediatamente después de estas catástrofes, en 1966, nos azotó otra ola como un tsunami imparable, y duró diez largos años, un período en el que pasé de ser una joven adolescente a una mujer adulta. Lo que nos sobrevino tenía un nombre. Se llamó la Gran Revolución Cultural Proletaria.

Al principio, la Revolución Cultural fue un intento por parte del presidente Mao de deshacerse de sus enemigos políticos. Pero las «olas del océano» que él había puesto en movimiento no tardaron en adquirir velocidad por sí mismas y destrozaron todo a su paso. Desde los doce hasta los veintidós años, yo, junto con mil millones de chinos, quedé atrapada por esta fuerza insoportable. Incluso después de treinta años de su desaparición, todavía, de vez en cuando, siento su impacto. Esta experiencia cambió y determinó mi vida y la de una quinta parte de la población mundial. Y me guste o no, será parte de mí para siempre.

Prólogo

Tardé más de veinte años en regresar al viejo patio de mi abuela Lao Lao, en Pekín, donde pasé gran parte de mi corta infancia. Me consternó ver que ya no estaba. Habían derribado la casa. Había desaparecido de la faz de la Tierra. Fue como descubrir que un amigo querido había muerto y darme cuenta de que me habían robado la última oportunidad de despedirme.

Me senté sobre un montón de ladrillos grises hechos pedazos, los únicos restos del trabajo de mi abuelo Lao Ye, y me quedé contemplando cómo el viento fresco de noviembre levantaba las hojas secas del suelo polvoriento, cada vez más alto y lejos de mí.

Luego cerré los ojos para recordar.

El Gran Salto

大躍進

Era un verano caluroso y «Gran Salto Adelante» eran las palabras que todos los adultos tenían en los labios.

—¡En quince años China superará a Gran Bretaña! —gritó alguien que desbordaba entusiasmo.

Entonces Baba, mi padre, hizo girar la bola del mundo de madera que tenía junto a su escritorio y me señaló dónde estaba Gran Bretaña. Cuando tocó el lugar con la yema del dedo, murmuré:

—Pero si es muy pequeño.

No entendía por qué Baba y sus amigos tenían tantas ganas de que China, una gran mancha verde en la bola del mundo de mi padre, superara un país que no era más que una mota grisácea, más pequeño que algunas provincias de China. Pero la esperanza que reflejaban sus rostros y la confianza de sus voces me transmitieron que el Gran Salto Adelante sería un gran logro, algo de lo que estar realmente orgullosos. Por aquel entonces confiaba en los adultos con todo mi corazón. Aquel fue el verano de 1958 y yo tenía cuatro años.

Mi familia vivía en Pekín con mi abuela materna, Lao Lao, y mi abuelo materno, Lao Ye, en un *siheyuan* tradicional, un gran patio cuadrado, rodeado de casas de una sola planta con tejados inclinados a cada lado. Compartíamos nuestro *siheyuan* con mis tías, mis tíos y unos cuantos inquilinos: la familia de un sastre, la de un electricista y la de un administrativo.

Varias décadas antes de mi nacimiento, Lao Ye había colocado con mucho cuidado aquellas tejas lisas y grises, y había instalado grandes ventanales en las paredes de ladrillo. Encima de las ventanas de vidrio había unos *zhichuang* (postigos), que podían sostenerse con unos palos delgados para dejar entrar aire fresco. Cuando los truenos y los relámpagos desataban su furia en el exterior, me acurrucaba junto a Lao Lao y miraba a través de los cristales mientras ella me mimaba con té dulce y galletas. Dentro me sentía a gusto y a salvo.

El jardín de nuestro patio era mi sitio preferido, lleno de flores que se turnaban para florecer incluso a finales de otoño. Los narcisos dorados –o hadas del agua, como las llamaba Lao Lao– anunciaban con orgullo la llegada de la primavera. En verano, el blanco jazmín se abría por la noche y llenaba nuestro *siheyuan* con su fragancia. Lao Lao animaba a las ágiles enredaderas de jazmín a trepar libremente alrededor de nuestra cerca de bambú y formaban un muro repleto de flores que separaba el jardín del resto del patio. Los resistentes crisantemos –rosas, amarillos y blancos– florecían de una estación a otra. Fue en ese jardín, según me contaron, donde di mis primeros pasos, rodeada de mis tías y de mis tíos, que alargaban los brazos para cogerme por si me caía.

Al lado del muro de jazmín había un alto *huaishu* (sófora: acacia del Japón). En los meses de verano el dulce aroma de sus delicadas flores bañaba nuestro patio, mientras que las canciones monótonas de las cigarras, guarecidas entre las hojas abundantes, me arrullaban hasta quedarme dormida. Bajo la sombra refrescante del *huaishu*, Lao Lao estableció un sitio permanente para dos de mis cosas favoritas: una mesita roja de madera y un pequeño sillón rojo, unos obsequios de mi futuro tío político, que me había prodigado su talento de artesano en la habilidosa lucha por alcanzar el corazón de mi querida tía.

Durante el día, el jardín se convertía en el centro de las actividades de nuestra familia; era un lugar donde las mujeres cosían y lavaban, mientras los hombres charlaban. Para mi hermano, Di Di, y para mí, el patio descubierto junto al jardín era tanto un lugar de recreo como un campo de batalla. Allí compartimos nuestro nuevo triciclo con los hijos de los vecinos y nos turnábamos para ir a toda velocidad de un lado a otro del patio. Aunque Di Di era un año más joven que yo, iba más rápido con el triciclo. Con nuestro amigo Ming, el hijo pequeño del sastre, montado en el transportín, Di Di pasaba pedaleando por todas las puertas de nuestro patio y saludaba a cualquiera que se molestaba en mirar. A veces los dos iban directos hacia mí y hacia las otras niñas hasta que gritábamos y nos dispersábamos. En aquel gran patio, aunque los adultos nos vigilaran desde las ventanas, nosotros nos sentíamos totalmente libres.

Después de una cena familiar sobre una gran mesa cuadrada, sazonada con las bromas de mis tíos y las risas de mis tías, cada unidad familiar se retiraba a sus distintas habitaciones. Para mí, sin embargo, no había límites, ya que entraba y salía como una flecha de la casa de mis padres y la de mis abuelos. Yo pensaba que la familia era la familia, sin puertas ni paredes de por medio. Y como era la primera nieta, creía que merecía todos sus corazones y todo su espacio.

Nuestros animales de granja disfrutaban casi de la misma libertad, alojados en un cobertizo, debajo de un olmo gigante que había en un rincón del patio. Para mí el cobertizo era como un pequeño zoo. Allí vivían dos conejos blancos con unos grandes ojos rojos, también un gallo con unas brillantes plumas doradas, y cuatro gallinas, dos blancas y dos marrones. Lao Lao había escogido a cada animal con cuidado en los puestos de los vendedores ambulantes. Los conejos eran mis preferidos porque eran muy cálidos y suaves al tacto. A veces incluso los atraía hacia mi habitación con una zanahoria para poderlos abrazar.

A principios de aquel verano, cuando tenía cuatro años, Baba nos llevó a Di Di y a mí a visitar a su hermana pequeña, que vivía al lado del mar. Cuando regresamos en otoño, apenas pude creer lo que veían mis ojos: ¡había ladrillos, agujeros y chatarra desparramada por todo nuestro patio! Un horno de ladrillo feísimo, casi tan alto como Baba, estaba plantado justo en el centro. Me quedé horrorizada.

–Es para hacer hierro y acero para el Gran Salto Adelante –dijo Baba–. Nuestro país necesita materiales de construcción fuertes.

Otra vez el Gran Salto Adelante, pensé, y me acordé de la bola del mundo de mi padre, con sus puntos y manchas de colores. Rodeé con cautela mi patio destruido, esquivando a los adultos atareados que, con palas en las manos, estaban demasiado absortos para prestarme la habitual atención. Hasta Lao Lao se unía a sus esfuerzos.

–¿No es maravilloso? –Sonrió mientras me cogía en brazos–. Estamos ayudando a nuestro país.

–Sí, ya lo sé. Vamos a alcanzar a aquel *punto* tan pequeñito antes de que me haga mayor –refunfuñé.

Al ver lo que aquel Gran Salto había hecho a mi lugar de recreo, me costó compartir su entusiasmo.

Mi libertad, junto con las de los conejos y el gallo, no tardó en restringirse. Por orden de Lao Lao, teníamos que quedarnos detrás de la cerca de bambú. Al otro lado de la valla, el mundo se volcaba en nuestro patio, día y noche. Muchísimos vecinos ilusionados traían leña en carros y la apilaban junto al horno, por lo que había combustible más que suficiente para avivar el fuego que rugía y chisporroteaba. Algunos trozos de madera los acababan de cortar de sillas y bancos viejos con la pintura desconchada, de los que todavía sobresalían algunos clavos puntiagudos. El horno, mi enemigo número uno, estaba construido con capas y capas de ladrillos rojos. Encima de ellos había colocado un sombrero metálico y brillante, del que salían chorros de humo y a veces incluso chispas rojas. Fascinada, pero asustada, miraba fijamente el ardiente horno mientras abrazaba a mi conejo favorito para consolarme.

Nada de aquello parecía molestar a los adultos. Entraban en fila en nuestro patio con sus ollas y cazuelas, todo lo que podían encontrar y todo de lo que podían prescindir, para fundirlas y convertirlas en acero. La gente no tenía mucho en aquella época, pero los trastos viejos no tardaron en hacer una montañita al lado de la pila de leña. Mientras observaba, la esposa del sastre salió de su casa con una sartén. Vaciló, le dio la vuelta en sus manos y la limpió otra vez con su pañuelo. Parecía que se estaba despidiendo de una vieja amiga.

Caminó despacio hasta la pila de metal y dejó con cuidado la sartén, que ahora brillaba bajo el sol, encima de la montañita. Se la quedó mirando unos instantes, luego de repente se volvió y se alejó, sin mirar atrás.

Da Jiu, mi tío materno más viejo, un profesor de matemáticas que estaba de baja por enfermedad, se encargaba del control de calidad. Agachado debido a su espigada altura, inspeccionaba la pila y separaba las piezas utilizables de la chatarra. Cuando cogió la tapa de un wok, la examinó, le dio unos golpecitos suaves y luego la tiró a un montón más pequeño, donde depositaba los artículos rechazados. Asintió a la montaña de metal que se hacía más grande por momentos.

Mi vecino favorito, el tío Liu, el electricista, alto y ancho de hombros, estaba de pie junto al horno como un guerrero, y cogía con la pala troncos y sillas viejas para echarlas por su boca. Agarró una barra larga de acero con las dos manos y usó la punta para mantener abiertas las bisagras de la puerta del horno. Pinchó la madera ardiente y luego cerró la puerta de golpe cuando la madera empezó a crepitar. A mí me pareció como si estuviera dando de comer a un dragón rugiente. El administrativo, bajito y moreno, pero igual de serio, usaba un gran cucharón de hierro para llevar el líquido abrasador hacia el molde, mientras que nuestro tercer vecino, con la cara brillante por el calor de las llamas, revisaba el fruto de su trabajo con la precisión de un sastre.

De pie, a una distancia prudencial, me quedé paralizada por la escena que tenía delante de mí, y me olvidé del miedo y de mi lugar de recreo destrozado. Entonces se me ocurrió una idea. Salí corriendo hacia la cocina de Lao Lao, abrí las grandes puertas de su armario y me puse a cuatro patas para buscar los tesoros de la familia. Encontré un gran cucharón para el agua en un rincón del mueble y algunas cucharas en un cajón, y lo tiré todo en un cesto de bambú que había al lado de la cocina. Tomé un caldero y también lo eché al cesto. Antes de salir como una flecha, examiné la cocina por última vez y luego tiré encima de mi botín el pesado cuchillo de carnicero que tenía Lao Lao. Arrastré el cesto detrás de mí, corrí tan rápido como me lo permitieron mis pies y la carga, y lo tiré todo, cesto incluido, sobre el montón de metal que había seleccionado Da Jiu con tanto esmero. ¡Gracias a Dios había estado observando de cerca y sabía qué pila era la elegida!

Retrocedí sigilosamente detrás de la valla de bambú y me dejé caer en mi silloncito rojo, cansada, pero contenta. Me quedé allí sentada todo el día, embelesada. Compartí todas las señales de triunfo: el electricista le dio unas palmaditas en el hombro al administrativo, el administrativo le dio la mano al sastre y luego todos aprobaron el trabajo de Da Jiu. Mientras el sol descendía poco a poco y dejaba un rastro de nubes púrpuras en el cielo despejado de otoño, Da Jiu se subió las gafas de montura negra y sonrió.

De repente oí la voz de Lao Lao. Acababa de volver a casa y se disponía a preparar la cena.

—¿Dónde está mi caldero? —preguntó mientras pasaba por donde yo estaba sentada—. ¿Has visto mi cuchillo de carnicero?

—Sí, he ayudado con él a nuestro país —contesté, orgullosa, sin apartar la vista del horno—. Tal vez ya estén ardiendo.

Lao Lao corrió a toda prisa hacia Da Jiu y su pila de metal. Juntos encontraron el caldero y algunas cucharas, pero no el cuchillo de carnicero grande. El utensilio se había unido a sus compañeros en el fuego abrasador por el bien de China.

Mi aventura circuló por la mesa en la cena de aquella noche. Después de atragantarse por masticar y reír al mismo tiempo, Baba se volvió hacia mí y me dijo:

—Está bien que quieras ayudar, pero la próxima vez será mejor que le preguntes primero a Lao Lao.

Nuestro ruidoso horno estalló y quemó día y noche durante meses. Todas las mañanas al alba, nuestro patio se llenaba de estrépito y parloteo. Entonces una mañana me desperté en silencio. Había algo diferente. Salí afuera a ver qué era.

En el patio, Da Jiu y nuestros vecinos estaban sentados sobre el montón de leña, con las cabezas gachas, como los soldados derrotados. El fuego del horno se había apagado y había dejado un olor persistente a madera quemada.

–¿Qué ha pasado, Da Jiu?

–El hierro y el acero que hacíamos no eran lo bastante buenos. –Suspiró y yo me quedé mirándolo sin dar crédito a lo que acababa de oír–. Simplemente no sabíamos tanto como para hacerlo bien –añadió.

Entonces yo también me puse triste. Trepé por el montón de leña para sentarme a su lado y apoyé la cabeza en su hombro, tan alicaída como él y nuestros vecinos.

–Pero nos esforzamos mucho.

–Sí –dijo–, es verdad.

Durante varios días todos evitamos el patio. El horno rojo abandonado estaba en el centro, solo y silencioso, junto a unos cuantos trozos de metal desperdigados y un poco de madera medio quemada. Lo rodeábamos de puntillas, como si estuviéramos visitando a un paciente en el hospital. De vez en cuando me encontraba a mí misma con la barbilla apoyada en la valla de bambú, mirando a mi enemigo mudo que se había convertido en un viejo amigo, mientras deseaba en silencio que volviera a rugir para mí una vez más. Pero se limitó a devolverme la mirada.

Durante semanas Lao Lao se negó a sustituir su cuchillo de carnicero y usó en su lugar uno pequeño. No fue el dinero lo que le impidió comprar uno nuevo, aunque a nadie le sobraba. Fue por principios. Nuestro cuchillo grande se había sacrificado por una causa y debía honrarlo. Al menos así lo interpreté yo. El horno ruidoso también había hecho lo que había podido, aunque aquello no hubiera sido suficiente.

Al final el horno desapareció y también la madera y el metal desperdigados. Los hombres taparon los agujeros con tierra nueva y Lao Lao limpió el patio. Otra vez era libre para correr con mi triciclo, con Di Di y mis amigos, y pasé momentos tranquilos oliendo las flores y acariciando mis conejos. En nuestro jardín las mujeres volvieron a coser y a lavar, y los hombres reanudaron sus conversaciones. La vida parecía haber vuelto a lo que era antes.

Pero, entonces, ¿por qué tenía la sensación de que algo había cambiado?

Hambre

餓 餓

Los tiros de la escopeta de perdigones de Baba atravesaron aquella fría noche de primavera. Levanté la vista y contuve la respiración. La oscura sombra de un gorrión alcanzó nuestro tejado y luego cayó en nuestro jardín con un ligero ruido sordo.

–¡Hurra! –gritamos Di Di y yo. Junto con una docena de niños de nuestro vecindario nos peleábamos por recoger la presa de Baba.

Hace ya tiempo los gorriones fueron condenados oficialmente como uno de los *sihai* (los cuatro males) y se unieron a la categoría de las ratas, los mosquitos y las moscas. Mientras que las ratas infestaban nuestras casas, el gobierno aseguró que los gorriones destrozaban nuestras cosechas. En 1958, el año del Gran Salto Adelante, China declaró la guerra a estos *sihai* y nos ordenaron que los hiciéramos desaparecer de nuestra tierra en los próximos años.

En aquella época todos los barrios se habían convertido en zonas de guerra. Tanto de día como de noche, los adultos se turnaban para montar guardia en nuestro patio. En cuanto los gorriones se posaban en los árboles o en los tejados, aquellos guardias vigilantes los ahuyentaban con un fuerte silbido o una despiadada piedra certera.

Baba, con su escopeta de perdigones, se había ganado el respeto de todos, pues era un tirador excelente. Di Di y yo le seguíamos a todas partes. En cuanto levantaba el cañón de su escopeta y apuntaba, sentía que mis músculos se tensaban y que mi cabeza se animaba como la de un cachorro en su primera caza.

Durante el día, los tres hijos adolescentes del tío Liu convertían nuestro olmo en una torre de vigilancia desde la que avisaban, a todos los que oyeran su grito, que se acercaban los enemigos. Por la noche, Baba, mis tíos y otros adultos les relevaban con reflectores en los tejados, sin dejar ni un rincón oscuro donde los pájaros pudieran esconderse.

Para no ser menos que los adultos, Di Di, nuestros amigos y yo nos juntábamos para proponer nuestras propias ideas. Alguien sugirió que utilizáramos nuestras palanganas como gongs, y todos salimos corriendo a nuestras casas para volver con cuencos de cerámica, latas, tazones de metal para el arroz, y cucharas. Nos pusimos a marchar en fila alrededor del patio, golpeando nuestras armas improvisadas, como miembros de una orquesta de percusión disonante.

De vez en cuando también salíamos de patrulla por nuestra *hutong* (calle) y corríamos de un lado a otro aporreando las armas tan fuerte como podíamos. Puede que los adultos tuvieran nobles ideales, pero para mí no era más que diversión. Ya nadie, ni siquiera Lao Lao, se molestaba en recordarme la hora de irme a dormir. Durante varias noches me quedé levantada hasta pasada la medianoche. Aparte de no tocar la escopeta de perdigones de Baba, podía hacer todo lo que quisiera y a mí no me gustaba nada más que correr y hacer ruido con mis amigos. Muchas veces Di Di y yo comíamos con ellos y más tarde nos quedábamos dormidos todos juntos en un agradable montón.

Sin embargo, Lao Lao no tardó en quitarme mi tazón de metal para el arroz y a Di Di, su lata, porque le zumbaban los oídos con todo aquel ruido que organizábamos. Después de quedarnos sin nuestro pequeño grupo de percusión, nos pusimos a buscar un buen sitio desde el que observar y no perdernos nada. Al principio, Di Di y yo nos colocamos de pie sobre las sillas que habíamos subido a nuestra mesa roja de madera. Pero aquel punto estratégico todavía era demasiado bajo.

–¿Por qué no nos subimos encima de eso? –susurró Di Di mientras señalaba al gallinero.

Normalmente ni me hubiera planteado hacerlo, pues sabía lo mucho que Lao Lao cuidaba a sus animales. Por otro lado, pensé que lo más seguro era que aquel fuera el sitio más alto al que pudiéramos llegar. Aprobé la idea de Di Di, llevé las sillas hasta allí sin hacer ruido y las coloqué una encima de la otra. Con cuidado, sintiéndome como una acróbata, me subí a las sillas y luego encima de la choza de madera. Entonces me incliné y ayudé a subir a Di Di. Nadie nos vio, estaban todos absortos en nuestro enemigo común, los gorriones.

Y así, día tras día, vimos cómo se desarrollaba la batalla mientras los pekineses alertas no cedían terreno. Entonces, de repente, los gorriones empezaron a caer del cielo, completamente exhaustos. Ya no quedaba casi ninguno. Una noche, durante la cena, exaltado por el orgullo mientras agitaba un ejemplar del periódico *Pueblo*, Baba anunció que sólo en nuestra ciudad, ¡habíamos erradicado más de 400.000 gorriones!

–¡Hemos ganado, hemos ganado! –grité. Nuestras cosechas estarían a salvo.

Pero justo al año siguiente, se agostaron de todas formas hectáreas de arroz y de trigo, esta vez por los insectos, que se multiplicaron fácilmente porque sus depredadores naturales, los gorriones, no habían regresado.

Aquel fue sólo el comienzo. Durante los tres años siguientes, China sufrió un desastre tras otro. Además de la plaga de insectos, hubo una terrible sequía, seguida de una hambruna generalizada. Millones de personas murieron de inanición. En la ciudad nos racionaban la comida con rigurosidad. Teníamos cupones de racionamiento para todo: para el trigo, para el arroz, para el aceite de cocinar y para la carne. Lao Lao intentaba ir a comprar con frecuencia, pero la mayoría de las veces la tienda se había quedado sin existencias. Como alumna de primaria, yo almorzaba en el colegio y ya llevaba varias semanas comiendo a diario arroz y mermelada de frutas. Enseguida mi barriga no tardó en empezar a revolverse cada vez que veía arroz con mermelada.

–Odio el arroz agrio del colegio –me quejé un día a Lao Lao–. ¿Puedo comer en casa?

Con una mirada triste en el rostro, se agachó y me rodeó con sus brazos.

–Todos estamos pasando por una época difícil –dijo.

No tardé mucho en darme cuenta de lo tonta que había sido por quejarme.

Puesto que la mayoría de adultos de mi familia trabajaba fuera de la ciudad entre semana, Lao Lao ahora cocinaba sólo para Lao Ye, para Di Di y para mí. Empecé a advertir que nos hacía la cena a Di Di y a mí, nos miraba mientras comíamos y enseguida nos enviaba a jugar al patio antes de ponerse a cocinar para ella y Lao Ye. Al principio, no pensé demasiado en eso, pero un día olí la diferencia: el aroma que venía de su comida era raro. Aproveché que Lao Lao no miraba, levanté la tapa del wok y descubrí un agua grisácea con algunas hojas de verduras flotando encima. Aquella noche, temprano, mi hermano y yo habíamos comido arroz salteado con repollo, con una cucharada de carne y todo. Corrí a contarle a Di Di lo que había descubierto. Al día siguiente amenazamos con hacer huelga de hambre si Lao Lao no nos permitía comer exactamente lo mismo que ellos.

–Pero vosotros dos estáis todavía creciendo y necesitáis alimentaros bien –dijo con un suspiro–. Nosotros somos viejos y nos las podemos apañar sin eso.

¡No! Esta vez seríamos Di Di y yo los que nos mantendríamos firmes.

Lao Lao llevaba días dando vueltas alrededor de su pequeña granja de animales, mirando las gallinas y dando palmaditas a los conejos, que habían adelgazado desde que

31

sus raciones también se habían reducido. Noté que algo estaba a punto de ocurrir. Finalmente, al volver de la escuela un día por la tarde, me quedé abrumada por un olor delicioso. Corrí hacia el gallinero y abrí la puerta de golpe; el gallo no estaba. Aunque nunca le había tenido mucho cariño a aquel gallo, no pude evitar estar triste por él.

También se sintió atraído por el aroma mi amigo Ming, el pequeño de los cinco hijos del sastre. Chiquitín y delgado, estaba de pie, fuera de nuestro jardín, con las manos apoyadas en la valla de bambú, y miraba hacia nuestra cocina.

–Ven, cariño –me llamó Lao Lao y yo entré corriendo–. Dale este cuenco de sopa de pollo a Ming.

Con cuidado llevé a mi amigo un cuenco grande de porcelana, lleno hasta el borde, con caldo y carne.

–No lo derrames –le advertí.

Se fue lentamente, incluso con más cautela, agarrando el cuenco bien fuerte con las dos manos y se detuvo a mitad de camino para darme las gracias con un gesto de la cabeza. Se acercaba a nuestro jardín a la hora de la cena con bastante frecuencia, atraído por los olores que emanaban de la cocina. Cada vez que venía, Lao Lao me acercaba una silla para que se sentara el niño, y ponía un cuenco de arroz recién hecho y un par de palillos sobre la mesa.

–Saldremos adelante –decía–. Saldremos todos adelante.

Nuestro número de animales disminuyó rápidamente, hasta que un día ya no quedaron gallinas ni conejos. Aquella tarde, con una gran escoba en la mano, Lao Lao fue a limpiar el gallinero por última vez. Nadie dijo nada. Sabíamos lo mucho que ella quería a sus animales. Cogí una escoba pequeña, la acompañé y juntas barrimos en silencio.

Una mañana, varias semanas después de haber cerrado el gallinero, me desperté de repente, sobresaltada. Maldije al gallo entre dientes, pues pensé que la culpa la tenía su canto; pero al restregarme los ojos, me acordé de que el gallo ya no estaba. Lo que había oído eran unas voces que venían del patio.

Salí corriendo y vi a Lao Lao hablando bajo el gran olmo con una vecina del patio de al lado. Colgado de una de las ramas, estaba su hijo mayor agitando el árbol para que cayeran las hojas, y sus dos hijas pequeñas las recogían y las ponían en un cesto.

Me acerqué a donde estaba Lao Lao y la cogí de la mano. Nuestra vecina le estaba explicando que podía mezclar aquellas hojas con harina de maíz para hacer pan. Cogí una hoja y la puse en la palma de mi mano para examinarla. Era redonda y plana, con el centro suave. ¿Podrían aquellas hojas alimentar a la gente? Nuestra vecina le hizo una reverencia a Lao Lao y se marchó con el cesto a rebosar.

–Las necesitan más que nosotros –dijo Lao Lao mientras me daba unas palmaditas en la cabeza.

Antes de la cena nuestra vecina volvió a aparecer, esta vez con tres barras calientes de pan de maíz y hojas.

–Probadlo –dijo.

Le di un mordisco. Sabía un poco amargo, como alguna medicina de hierbas que Lao Lao me había dado.

–Vuelve si te hacen falta más –le dijo Lao Lao.

–Gracias, Mama –respondió con una sonrisa de gratitud.

Todos, mis padres, mis tías, mis tíos y nuestros amigos, así como nuestros vecinos, llamaban «Mama» a Lao Lao. Recuerdo que me sentí excluida cuando era pequeña y le pedí que me dejara llamarla «Mama» a mí también.

–Lo siento –me dijo Lao Lao riéndose–, yo soy tu abuela.

Insatisfecha, un día le pregunté a un amigo de Da Jiu, a quien también le llamaba tío:

–¿Por qué puedes llamar «Mama» a Lao Lao y yo no?

Me sentó en su regazo, me miró a los ojos y dijo:

–Porque mi madre murió cuando yo era más pequeño que tú y tu lao lao me acogió. Me alimentó, me vistió y me quiso igual que a tu tío consanguíneo, mi mejor amigo. Para mí se ha convertido en la madre que perdí hace ya mucho tiempo. Y yo no soy el único. El tío Lin también es huérfano y, como sabes, se crió aquí también como parte de tu familia.

No tenía ni idea. Nunca me había planteado a cuántas personas llamaba tío y tía. Ya estaban todos cuando llegué al mundo y todos se turnaban para cuidarme, traerme caramelos y leerme cuentos antes de irme a dormir. Había perdido la cuenta de cuántas personas comían y dormían en casa de Lao Lao. Para mí todos eran mi familia. Y durante la época de hambruna, de algún modo todos se las apañaron para mandarnos cupones de comida y dinero para que no muriéramos de inanición.

Los tres años anteriores a 1962 fueron catastróficos, pero por fin habían pasado. Habíamos sobrevivido al Gran Salto, a la sequía y al hambre. Pero los mayores parecían haber perdido algo de su entusiasmo. Todavía tenían ganas de luchar por sus ideales, pero en sus voces había una ligera prudencia. Un día, después de cenar, acerqué mi taburete de madera a Baba mientras hablaba con nuestra extensa familia. Alguien señaló hacia donde antes estaba el gran horno, mientras otro se rió avergonzado por el alboroto que se había organizado cuando los gorriones empezaron a caer. Al mirar a Baba, creí ver en su rostro un gesto de dolor.

–La ignorancia es nuestro enemigo –dijo Baba–. En el futuro tenemos que instruirnos.

Hacía poco Baba había traído a casa montones de libros nuevos, todos gruesos y de aspecto formal. Incluso siendo una niña, sabía que su actitud había cambiado desde la alentadora confianza en sí mismo en otoño de 1958, cuando el horno de ladrillo ardía alegremente en nuestro patio. Al ver que cada vez era mayor la montaña de libros apilados sobre el escritorio y el suelo, supe que Baba hablaba en serio, muy en serio. Por lo que me enteré, sus libros abarcaban un amplio abanico de materias, desde economía hasta historia. Quería saber cómo China había llegado tan lejos y cómo podíamos progresar. Quería saber lo que le había ocurrido a otros países a principios de su desarrollo. Y quería entender por qué nuestras cosechas se habían malogrado.

Durante los días siguientes, me despertaba a menudo en plena noche y veía a Baba absorto en su lectura, con un cigarrillo ardiendo en los dedos, mientras la lámpara verde de mesa proyectaba su gran sombra en la pared.

Lao Lao y Lao Ye

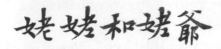

Desde muy pequeña, siempre le tuve mucho cariño a Lao Lao. Me encantaba su cabello oscuro y brillante, su piel lisa y clara, y los hoyuelos en sus mejillas, que intensificaban su sonrisa. Olía como las flores de jazmín de nuestra casa.

Lao Lao tenía más de cuarenta años cuando entré en su vida. Mama enseñaba en un instituto que estaba muy lejos y no podía ir a casa entre semana para hacerse cargo de mí. Baba era guionista en un estudio cinematográfico del ejército y él también tenía que viajar con frecuencia por su trabajo. Lao Lao pasó a ser mi madre sustituta. En cuanto supe andar, me convertí en su sombra, pues la seguía a todas partes.

Conforme fui creciendo, empecé a darme cuenta de la diferencia que existía entre mi abuela y sus amigas. Mi lao lao era más alta que ellas. La mayoría de las otras abuelas eran al menos una cabeza más bajas que mi abuela. Mi lao

lao sabía leer y escribir, y a menudo me ayudaba con los deberes, aunque a veces yo no reconociera los caracteres chinos que escribía; eran clásicos y antiguos, mientras que los que yo aprendía en la escuela estaban simplificados. La mayoría de las otras abuelas apenas sabía leer. Algunas de ellas iban a ver a Lao Lao con su correspondencia. Les ayudaba a escribir a sus parientes y a leer las cartas de respuesta.

Pero la diferencia más evidente entre mi abuela y las demás abuelas era que ella no llevaba los pies vendados. Casi todas las vecinas de mi abuela caminaban por nuestro patio despacio, como si la tierra debajo de sus pies les hiciera daño. Nunca jugaban a atraparme. La abuela de mi amigo Ming tenía la edad de Lao Lao, pero nunca jugaba con nosotros. En una ocasión, Di Di y yo la cogimos de las manos para obligarla a jugar al escondite con nosotros, pero Lao Lao nos pidió que paráramos.

Por curiosidad, un día le pregunté a Lao Lao por qué ella podía correr conmigo y la abuela de Ming no, y por qué ella sabía leer y escribir y las demás no.

–Tuve un buen baba –respondió.

El padre de Lao Lao, mi zu ye, fue el mayordomo de un príncipe manchú en Pekín, a finales del siglo diecinueve. Durante uno de los muchos motines que hubo en la ciudad, un grupo de bandidos logró entrar en la mansión del príncipe, robó sus tesoros y exigió ver al señor de la casa. En medio de la confusión, Zu Ye llevó a su patrón manchú afuera, por la puerta trasera, y lo escondió en la casa de un amigo que vivía cerca, hasta que los bandidos se marcharon.

Como muestra de su agradecimiento, el príncipe manchú le otorgó a Zu Ye una casita con jardín y un sobresueldo, lo que le permitió casarse con el amor de su niñez, una belleza local. Su esposa no tardó en dar a luz a una hija, mi lao lao. Sin embargo, no mucho después, la madre de Lao Lao contrajo neumonía y murió. Zu Ye, con el corazón destrozado, contrató a una nodriza y pasó la mayor parte del tiempo adorando a su niña.

En aquel entonces era costumbre que a las niñas de tres o cuatro años les vendaran los pies, una idea tradicional de belleza y sumisión, que obligaba a las mujeres a caminar despacio. Cuanto más pequeños fueran los pies, más atractiva le parecería una mujer a su futuro marido. Siguiendo la tradición, Zu Ye le pidió ayuda a su hermana.

La tía de Lao Lao le tenía mucho cariño y cada vez que iba a visitarla, llevaba una gran bolsa con regalos para su sobrina, con vestidos nuevos cosidos a mano, pañuelos bordados, caramelos caseros y peras o melocotones de su huerto. Pero aquel día, cuando Lao Lao abrió con entusiasmo la bolsa de regalos, no encontró nada más que rollos y rollos de lino y su tía parecía seria, lo que era extraño en ella. En silencio, llenó un barril de madera con agua caliente y pidió a Lao Lao que pusiera en remojo los pies. Lao Lao, curiosa, se desató los cordones de los zapatos y metió despacio los pies en el agua. Su tía se los lavó con una pastilla de jabón nueva y los secó con delicadeza con una toalla gruesa. Después colocó a Lao Lao en la cama y sacó un rollo de lino blanco.

–Esto te va a doler –le dijo disculpándose–, pero al cabo de un rato el dolor desaparecerá.

Lao Lao miró a su tía, luego a su padre, que estaba observando en tensión, y no supo qué decir. De repente, su tía extendió la mano, dobló con fuerza hacia abajo los dedos de Lao Lao, uno detrás de otro, y empezó a envolver el diminuto pie de su sobrina con las vendas de lino, cada vuelta de tela más ajustada que la última.

El dolor llegó tan rápido y fue tan agudo que Lao Lao rompió a llorar. Rasgó la tela para sacar el pie y casi volcó el barril de madera cuando salió corriendo de la casa. Ni los ruegos de su tía, ni la persuasión de su baba la convencieron para que volviera. Se escondió en un rincón del patio a sollozar.

Zu Ye no soportaba ver sufrir a su hija y el breve experimento del vendaje del pie terminó. Conforme Lao Lao se hacía mayor, tanto su belleza como sus pies naturales sorprendieron a la gente de la misma manera. Su padre lo aceptó con buen humor y apodó a sus pies *tianzu* (pies celestiales).

Mi zu ye era un erudito autodidacta que se enorgullecía de su magnífica colección de libros e instrumentos musicales. La valiente hazaña de salvar al príncipe manchú le proporcionó el tiempo y los medios para continuar sus estudios, y también quería que su hija recibiera una educación. Pero en aquella época no era frecuente que las chicas asistieran a la escuela. La mayoría de la educación la adquirían cuando eran pequeñas, aprendían a coser, a cocinar y a llevar la casa. Zu Ye quería algo mejor para su hija. Contrató a un profesor particular mayor que, día tras día, trataba de inculcar a Lao Lao la enseñanza de los antiguos, mediante el método ancestral del aprendizaje por memorización.

El profesor tenía una larga barba blanca y siempre llevaba un *changpao* (una túnica tradicional). Cerraba los ojos y cruzaba las piernas mientras recitaba los clásicos de memoria, y luego Lao Lao los repetía. Aunque explicar los contenidos del libro no era parte del acuerdo, gracias a la insistencia de Zu Ye, el anciano erudito sí que habló del significado del clásico *El canon de una hija*.

–Acata las tres obediencias y cumple las cuatro virtudes –recitó con solemnidad.

Aquello significaba que una mujer en casa debía obedecer a su padre. Cuando se casaba, debía obedecer a su marido y si este moría, debía obedecer a su hijo. Añadió que desde hacía dos mil años las mujeres de todas las edades habían seguido la doctrina de estos clásicos: la biblia de las mujeres.

–Acata las tres obediencias... –recitaba Lao Lao, mientras mecía su cuerpo esbelto, imitando a su tutor, e intentaba grabar la doctrina de los sabios en su memoria.

En el séptimo cumpleaños de Lao Lao, Zu Ye la llamó para que fuera a su estudio. Le entregó una caja de madera roja con una tapa de seda amarilla. De su interior, Lao Lao sacó un laúd de bambú delicadamente tallado. Zu Ye le explicó que una educación no se había completado sin el conocimiento de la música y los instrumentos musicales. Desde aquel día en adelante, se responsabilizó de dar clases de música a su joven hija influenciable.

A los nueve años, la infancia despreocupada de Lao Lao terminó; Zu Ye decidió volver a casarse y escogió a una mujer rellenita con los pies bien vendados. Al principio la madrastra dejaba a Lao Lao en paz la mayoría del tiempo. Luego, cuando dio a luz a sus propias hijas, una detrás de otra, empezó a molestarle la presencia de la niña. Parecía tener celos de la estrecha relación que Lao Lao tenía con Zu Ye y aprovechaba cualquier oportunidad para criticarla.

–Con esos pies tan grandes y esa postura de intelectual –le decía a Zu Ye una y otra vez–, te costará mucho encontrarle pareja, incluso si empiezas pronto.

Zu Ye no quería que su amada hija se perdiera el matrimonio y poco después de que cumpliera quince años, empezó a buscar a una casamentera.

La madrastra no se había equivocado del todo. La herencia inusual de Lao Lao, sus *tianzu* así como su capacidad de leer y escribir, fueron todo un desafío para la celestina del vecindario. Pero la tía de Lao Lao fue en su ayuda y llevó consigo a una casamentera con experiencia.

–Ven a saludar a la abuela Zhu –dijo su tía a modo de presentación.

Lao Lao pensó que la abuela Zhu era vieja. Tenía la cara surcada de profundas arrugas. Llevaba el pelo ralo recogido en un nudo diminuto detrás de la cabeza y vestía una chaqueta azul oscuro muy grande. Lao Lao advirtió que sus pies vendados eran incluso más pequeños que los de su tía.

La abuela Zhu acercó a la chica y la inspeccionó de pies a cabeza.

–Es una muchacha preciosa –dijo, miró a Lao Lao y luego a Zu Ye. Se detuvo durante un segundo mientras le echaba un vistazo a sus pies, pero no dijo nada. Después de aquella breve presentación, le pidieron a Lao Lao que saliera de la estancia–. Conozco una familia que estaría conforme –continuó la abuela Zhu en cuanto Lao Lao cerró la puerta detrás de ella.

Al este de Pekín, no muy lejos de la casa de Zu Ye, vivía la familia de un contratista ambicioso, los Zhang, especializado en la construcción de casas con patio. Aquella familia tampoco seguía estrictamente las tradiciones, pues había permitido que su hijo mayor, el heredero natural de su negocio, estudiara medicina. Así, la carga del negocio familiar cayó sobre los hombros del segundo hijo, mi futuro Lao Ye. Nadie le preguntó si tenía otras aspiraciones. Todo lo que sabían era que obedientemente había abandonado sus estudios para sustituir a su padre enfermo. De hecho, se hizo cargo de algo más que de su negocio. Se convirtió en el cabeza de toda la familia. Atendía a sus padres ancianos, pagaba las clases de sus dos hermanas y cuidaba de su hermano pequeño.

Para un hombre de diecisiete años, tanto la abuela Zhu como Zu Ye llegaron a la conclusión de que Lao Ye era el candidato ideal. Parecía tener un carácter formal y también unos ingresos fijos. No obstante, nunca se molestaron en considerar si mi futuro Lao Ye ya tenía una novia con la que esperaba casarse algún día.

La abuela Zhu, con una sonrisa de oreja a oreja, reunió bajo el mismo techo a los cabezas de ambas familias. Con una gran sonrisa en el rostro, el padre, orgulloso, presentó a la tímida futura esposa: una chica esbelta, vestida con el traje de seda chino tradicional. Medía un metro setenta y seis, lo que le otorgaba una altura inusitada. Tenía unos rasgos definidos: la cara redonda, los ojos brillantes, la nariz un poco respingona y una boquita de labios suaves, que resaltaban por un tono rosáceo intenso.

Los dos hombres, el padre y el futuro suegro, asintieron con admiración al ver aquella joven de educación tan cuidada. La futura suegra, en cambio, no podía apartar los ojos de los *tianzu* de la muchacha.

—Pero mira sus... —susurró al oído de su marido.

—Son tonterías —replicó el esposo, que se enorgullecía de ser un hombre de su tiempo y a principios del siglo veinte estaban cambiando muchas cosas.

Las dinastías imperiales habían dado paso a una república en 1912. El futuro suegro progresista, pero también práctico, opinaba que con los pies sin vendar Lao Lao podía ayudar en la casa de manera más eficiente. Y se acordó la boda.

—Aunque tendrán que vivir con nosotros —añadió— hasta que hayan ganado lo suficiente para construirse su propia casa.

Después de que los ancianos terminaran la negociación, Lao Lao se casó con Lao Ye y se trasladó a vivir con su nueva familia, unos completos extraños para ella. Según las correctas enseñanzas de Zu Ye, Lao Lao realizaba sus tareas diarias con la cabeza agachada y la boca cerrada. Al fin y al cabo, así se habían hecho las cosas durante miles de años.

Todas las mañanas la recién casada se levantaba con los sirvientes a preparar el desayuno para aquella familia de ocho

43

personas. Cuando acababa de desayunar y de fregar los platos, ya casi era la hora de hacer el almuerzo y poco después llegaba la cena. Puesto que su suegra era vegetariana según la tradición budista, Lao Lao tenía que ir al mercado todas las mañanas a comprar verduras frescas. Por el contrario, su suegro, como era un hombre pragmático, no creía que nada fuera más nutritivo que la carne. El resto de la familia heredó su criterio, lo que fue todo un reto para mi lao lao, que se convirtió en una cocinera casi a tiempo completo. Cuando dejaba los platos humeantes sobre la mesa, en cambio, nunca se sentaba con ellos. La nuera, según la tradición de esta familia, sólo podía comer cuando el resto había acabado.

Todo el tiempo libre que tenía Lao Lao durante el día lo pasaba cuidando de su joven cuñado, jugando con él y leyéndole los libros que se había llevado de casa de su padre. El sabio suegro tenía razón. No sólo habían ganado una buena nuera, sino una cocinera competente y una niñera dedicada.

¿Lamentaba su destino? ¿Le había decepcionado la vida de casada? Si Lao Lao sentía alguna de estas emociones, las enterró en lo más hondo de su corazón.

No obstante, descubrió que a veces su joven marido desaparecía a última hora del día sin decir palabra. Preocupada, una noche se marchó en su busca y se lo encontró en la cama con su antigua novia. Horrorizada, Lao Lao huyó y sollozó todo el camino a casa.

A la mañana siguiente, como de costumbre, se levantó temprano y se puso a hacer sus tareas diarias. Sus opciones eran limitadas. El tribunal o la familia normalmente no aceptaba el divorcio iniciado por la esposa, al menos cuando el motivo era la infidelidad. Después de todo, aún quedaban maridos con varias mujeres y vivían todos juntos siguiendo la larga tradición de la poligamia. Lao Lao, al menos en el título, era la única esposa. Aunque la familia de Lao Ye la utilizara casi de sirvienta, nunca la habían maltratado físicamente, como ocurría en algunas familias que ella conocía. Además, cada vez les tenía más cariño a las hermanas y al hermano pequeño de Lao Ye, que la consideraban una hermana y una madre sustituta. Pensaba que conseguiría su libertad cuando tuviera un hijo, el primer heredero de la familia Zhang, lo que legitimaría su propia casa. Por fin sus oraciones fueron escuchadas y nació el primer nieto de la familia, mi da jiu.

Después de aquel magnífico logro, Lao Lao habló de tener su propia casa con su marido y Lao Ye, ahora un padre feliz, enseguida se puso a buscar un terreno para construir su propio patio. Puesto que durante la adolescencia había aprendido el oficio con su padre, Lao Ye ya era un contratista con experiencia. Medía un metro ochenta, era ancho de hombros y tenía la cara bien morena, pero también era un hombre de pocas palabras. Había cargado con todo lo que le habían echado a los hombros sin acobardarse ni protestar. A menudo, para revisar el progreso de un proyecto, se subía sin arnés a los andamios de bambú, a más de nueve metros de altura. Como su padre y su abuelo antes que él, lo que más le gustaba era el trabajo duro y honrado.

Creía que todos los patios eran el castillo de alguien y ponía todo su corazón y su alma en cada proyecto. Para su propio castillo, extendió sobre la mesa un mapa a gran escala de Pekín, y con Lao Lao estudió todas las opciones.

La ciudad simétrica de Pekín estaba centrada en su eje por la Ciudad Prohibida, la residencia de los líderes imperiales durante los últimos quinientos años. Los emperadores, que decían ser los hijos del cielo, construyeron sus templos y monumentos a lo largo del meridiano. La mayoría de sus hijos, hijas y otros consortes se alojaban en espléndidas casas con patio que salían del centro. Lao Ye y Lao Lao sabían muy bien que por convencionalismos esa zona todavía estaba prohibida para la mayoría de gente normal. La parte occidental de Pekín, según la tradición, se había convertido en el hogar de generaciones enteras de intelectuales y algunos obreros, mientras que el sur pertenecía a distintos grupos de la clase oprimida. Al este, un poco apartada del centro, vivía una mezcla de población de funcionarios, artistas y diversos profesionales.

Como el cabeza no oficial de la familia, dado que se hacía cargo de todas las responsabilidades diarias que acompañaban a ese papel, Lao Ye no podía estar demasiado lejos de sus padres. Pero tampoco hacía falta que estuvieran muy cerca, insistió Lao Lao, que tenía la esperanza de que cierta distancia evitaría que su suegra, con sus pies bien vendados, se pasara por allí a supervisar el funcionamiento de su nueva casa. Al final escogieron un lugar apropiado, no muy lejos de la oficina de Lao Ye, al este de la ciudad.

Aquella *hutong* que habían elegido estaba habitada por una población muy variopinta, desde funcionarios de alto cargo, jubilados en sus magníficos patios triples, hasta algunos obreros que vivían, a una distancia prudencial, en chozas sencillas con patios compartidos. Justo en medio de ambos estaban los empleados de oficina de todos los rangos y profesiones, que aspiraban a alcanzar a sus vecinos adinerados trabajando duro y con un poco de suerte. Dentro de este grupo, Lao Ye y Lao Lao se establecieron en un terreno que originariamente se usaba como cuadras para los caballos de los funcionarios ricos. Con su propio equipo de construcción, Lao Ye se puso manos a la obra para levantar su casa con patio.

Con la aprobación de un maestro en feng shui, contratado para asegurarse de que la casa estaba en armonía con las fuerzas de la naturaleza, Lao Ye echó los cimientos. Como todos los templos, la casa estaba situada justo al norte del terreno, de cara al sur para tener la máxima exposición al sol. Al poco tiempo colocaron a la perfección las tejas grises y sólidas en el tejado. La casa tenía una estructura de planta libre con tabiques a media altura que separaban los dos dormitorios del salón. Adyacente al edificio principal, construyeron dos pequeños apartamentos laterales para los temporeros de Lao Ye y, más tarde, para nuestra familia en aumento. A este y oeste Lao Ye construyó dos alas y completó el sur con una casa pareada. En la esquina suroeste estaba la entrada principal con una pesada puerta de madera en la que un experto artesano había grabado con esmero un dístico:

LA HONRADEZ PERSISTE A TRAVÉS
DE LAS GENERACIONES;
LA ERUDICIÓN DURA PARA SIEMPRE.

Lao Lao estaba encantada de tener por fin su propio hogar. Desde principios a mediados de los años treinta, una época de relativa paz y prosperidad, dio a luz a cuatro de sus seis hijos. Pero a finales de dicha década y en los años cuarenta una vez más el caos pasó por su vida. Las tropas japonesas entraron en la antigua ciudad de Pekín y a continuación sufrieron ocho años de batallas sangrientas entre los ejércitos japoneses y las fuerzas conjuntas de los nacionalistas y los comunistas. En cuanto se expulsó a los japoneses, los nacionalistas y los comunistas dirigieron sus armas los unos contra los otros.

El Lao Ye que me era familiar cuando era pequeña, a finales de los cincuenta, era muy diferente al que aparecía en la foto en blanco y negro que había sobre el escritorio de mi madre. En aquella foto Lao Ye parecía fuerte. Con un cigarrillo sin encender en los labios y un rostro tranquilo pero imponente, tenía el aspecto de ser el centro indiscutible de esta gran familia.

Pero el Lao Ye que yo conocía estaba medio paralizado. Cuando se sentaba en su butaca de respaldo alto, casi parecía aquel joven saludable. Cuando se levantaba para caminar, tenía que arrastrar el pie izquierdo y agarrarse la mano izquierda con la derecha para impedir que le temblara visiblemente. Todas las mañanas Lao Lao le ayudaba a meter el brazo izquierdo por la manga de su camisa, que siempre insistía en abotonarse él solo con una mano. De vez en cuando yo le acercaba las zapatillas a los pies para que no tuviera que agacharse. Nunca se oponía a mi ayuda y siempre me frotaba la cabeza cariñosamente.

–¿Qué le pasó a Lao Ye? –le pregunté a Mama un día mientras mirábamos la antigua foto familiar.

Suspiró y luego me contó esta historia: durante la guerra entre los nacionalistas y los comunistas en los años cuarenta, la gente ya no construía casas y Lao Ye a pesar de que revisaba los libros de contabilidad todas las mañanas y de que calculaba una y otra vez los números en su ábaco, no podía hacer que las cuentas cuadraran. Con la llegada de un largo invierno, él sabía que las cosas empeorarían. A regañadientes, Lao Ye dejó marchar a la mayoría de sus obreros. Entonces un día un viejo amigo llamó a su puerta con una idea fresca.

–Acabo de volver del nordeste –dijo el amigo–. Allí he visto una iniciativa totalmente nueva. La gente echa agua al suelo y la congela para hacer una gran pista de patinaje. Luego se atan cuchillas a las botas y se deslizan por el hielo. Este deporte de invierno está arrasando entre los jóvenes y da dinero día y noche.

–¿Cómo nos va ayudar a nosotros? –preguntó Lao Ye.

–Puesto que la pista de patinaje es exterior, alguien tiene que poner las carpas y rodear la pista. Y esa misma gente puede vender las entradas y quedarse con los beneficios.

Lao Ye creyó que aquello sonaba bastante sencillo, aunque no tuviera nada que ver con la construcción de edificios. Al fin y al cabo, ¿cómo iba a costar más hacer una pista de patinaje que levantar una casa? Lao Ye, un hombre razonable con una conclusión razonable, se puso manos a la obra.

Escogió un lugar cerca de las puertas de la ciudad, donde la tierra era más barata; negoció bien, arrendó el terreno durante el invierno y usó su buena reputación como entrada. El resto lo pagaría a plazos. Después llamó a su antiguo equipo, que respondió en un día. Lao Ye sonreía por primera vez en meses mientras observaba cómo tomaba forma su nuevo proyecto.

Congelar el agua en el suelo fue más fácil de lo que esperaban gracias a las temperaturas bajo cero. Detrás del mostrador de entradas, instaló un montón de cajas de madera a modo de taquillas, que se cerraban con candados recién comprados. Luego colocó una gran carpa con bancos de madera a los lados para los futuros clientes y compró varios cientos de patines. Su buena reputación por lo visto no les bastaba a los vendedores de patines, así que tomó prestado dinero de sus amigos. Todos los que podían permitírselo, le ofrecieron su ayuda, pues sabían que se podía confiar en la palabra de Lao Ye.

Entonces un día, unas pocas semanas antes de la inauguración, se presentó un huésped inesperado, el jefe de policía. Aseguraba que la pista de patinaje se encontraba en su jurisdicción y, por consiguiente, Lao Ye debía pagar una suma al departamento de policía.

–¿Cómo puede ser? –preguntó Lao Ye–. Lo comprobé en varias oficinas y me dijeron que este terreno estaba libre de gravámenes. Mi única obligación es el pago del alquiler al dueño.

Molesto por la obstinación de Lao Ye, el jefe de policía se marchó, no sin antes amenazarle con el dedo.

–No digas que no te lo advertí.

Aquello no le impidió seguir con su negocio. Había llegado demasiado lejos como para retirarse. Ya habían aparecido anuncios en los periódicos locales, que de nuevo se habían pagado con dinero prestado, y había contratado a más trabajadores temporales para dotar de personal a la pista de patinaje. Si el tiempo y los clientes cooperaban, en pocas semanas, Lao Ye había calculado que podía saldar su deuda, lo que representaría un gran alivio para su familia y sus trabajadores.

El clima invernal de Pekín era tan fiable como un amigo de confianza. Hacía unas semanas que no había llovido ni nevado, sólo había hecho un frío glacial. La pista de hielo, barrida y cepillada día y noche, parecía un cristal sólido y traslúcido. Algunas personas les enviaron crisantemos amarillos y flores rosas de ciruelo para desearles buena suerte. Los petardos, que colgaban de los altos postes de bambú que sostenían la puerta, añadían color y cierta sensación de entusiasmo. Todo estaba preparado para el día de la inauguración, si al final la gente iba.

Y así fue. Antes de que el enorme reloj del mostrador diera las nueve, se habían formado delante de la puerta de bambú filas enteras de clientes impacientes, que se frotaban las manos y daban patadas en el suelo por el frío. Lao Ye sonrió. La suerte había vuelto a su lado. Cientos de petardos explotaron cuando dio comienzo la apertura, lo que envió al cielo azul trocitos rojos de papel y estallidos de alegría. El mostrador de entradas estaba lleno a rebosar y los empleados no daban abasto para repartir las llaves de las taquillas.

Lao Ye y el amigo que le había sugerido aquella brillante idea contemplaban la feliz escena desde el despacho provisional de Lao Ye.

–Gracias, viejo amigo –dijo un Lao Ye agradecido–. No podría haberlo conseguido sin ti.

A lo largo del día fue entrando gente de toda la ciudad. Al anochecer iluminaron la pista de patinaje con unos focos y la multitud incluso aumentó, ya que los administrativos también fueron en busca de diversión a la salida del trabajo. Lao Ye y su amigo no se apartaron por un momento de la ventana, sobrecogidos tanto por la muchedumbre como por su increíble buena fortuna.

Pero entonces, como por arte de magia, un grupo de jóvenes vestidos de negro saltaron las vallas. Corrieron hacia el mostrador de entradas, aporrearon a los empleados atónitos y forzaron las taquillas. Algunos arrojaron piedras a la multitud y se desató un caos sangriento. Gritando y abriéndose paso como podían, los patinadores se dirigían en todas direcciones a trompicones. Como en una estampida, chocaban unos contra otros con sus patines alquilados. Los ágiles se batieron rápido en retirada y saltaron las vallas; otros se arrastraron hacia la puerta.

Lao Ye y su amigo salieron del despacho e intentaron controlar desesperadamente la situación. Pero llegaron tarde. Tan rápido como habían aparecido, los bandidos huyeron como hizo la mayoría de clientes, que dejó a los heridos esparcidos por el hielo. Entonces, de repente, una docena de policías llegó corriendo, agitando las porras y soplando los silbatos. Cuando la cara familiar del jefe de policía se acercó, Lao Ye envió a su amigo a llamar a las ambulancias. Enseguida supo que le habían tendido una trampa.

–No digas que no te lo advertí –dijo el jefe con aire de suficiencia y las esposas en la mano–. Eres responsable de todos los que han resultado heridos. –Luego le arrestó.

Cuando Lao Lao pagó la fianza de Lao Ye a la mañana siguiente, ya era otro hombre. Sus esperanzas se habían evaporado por la noche. Los clientes o los que decían ser clientes no tardaron en presentar una demanda tras otra para reclamar el pago por la pérdida de sus pertenencias, fuera cierto o no. Muchos insistían en que habían guardado en las taquillas abrigos de visón, gorros de cibelina y chaquetas de cuero nuevas. Otros echaban la culpa al disturbio de sus piernas artríticas, de sus muñecas doloridas y del dolor de su espalda. Los acreedores se unieron a la multitud y decidieron que tanto la reputación de Lao Ye como su línea de crédito habían expirado por la noche y que necesitaban todo el dinero enseguida. Lao Ye, que siempre pensaba que su palabra era garantía suficiente, no tenía el negocio asegurado. Estaba arruinado.

Como era un hombre honrado y orgulloso, vendió todo lo que tenía de valor, incluidas las joyas que habían sido la dote y la herencia de Lao Lao. Aun así, no bastaba para pagar la cuantiosa deuda. Lao Ye contempló la idea de vender su casa con patio, pero Lao Lao no quería ni oír hablar de ello. Acordaron quedarse con el edificio principal situado al norte y alquilar el resto. Con los acreedores y los abogados llamando a su puerta día tras día, Lao Ye se vio obligado a tomar prestado más dinero, aunque ya no había tanta gente dispuesta a dejárselo. Entonces una noche a principios de 1949, a los cuarenta años de edad, Lao Ye sufrió un derrame cerebral y se quedó paralizado.

Aquel repentino cambio afectó tanto a Lao Lao como a Lao Ye. De la noche a la mañana todos sus sueños se desmoronaron. Además de meter a sus hijos en la casa del norte, ahora la mujer tenía la responsabilidad a tiempo completo de cuidar a un marido inválido, un hombre deshecho. Cómo se las arregló en aquella época queda para mi imaginación porque nunca me lo contó y yo nunca me entrometí. Algunos recuerdos, como los cadáveres, están mejor enterrados.

Una cosa que sí averigüé por boca de otros fue que Lao Lao mantuvo la familia unida. Escribió a los prestamistas para pedir indulgencia y que les permitieran ampliar el plazo de los pagos. Hurgó en todas sus posesiones y cambió cualquier cosa que fuera de valor. Y se aseguró de que sus hijos siguieran yendo a la escuela. Lo hubiera dado todo por su familia.

La familia de Lao Lao incluía a todos los que ella amaba: amigos, vecinos y desconocidos. Cuando sus hijos trajeron a dos huérfanos a casa, Lao Lao, sin dudarlo, dejó unos palillos de más sobre la mesa del comedor y los invitó a que se quedaran.

En nuestro patio las esposas y las madres del electricista y del sastre siempre se beneficiaron de la educación de Lao Lao. En aquellos tiempos muchas personas eran analfabetas y cuando a principios de los años cincuenta el nuevo gobierno intentó reclutar a todos los que pudieran echar una mano como profesores voluntarios, Lao Lao tendió la suya. Y de esa manera, a las diez en punto de la mañana todos los días, las mujeres iban a su casa, acompañadas de sus amigas, cargando debajo del brazo los libros gratuitos del gobierno. Mi madre encontró una pizarra pequeña para Lao Lao, que apoyó en la mesa del comedor para su clase. Allí Lao Lao escribió, «China, Partido. Ama a China. Ama al Partido», citas de los libros de textos del gobierno. Palabra por palabra ayudó a sus aplicadas estudiantes, con los rostros radiantes de entusiasmo, a practicar diariamente la escritura en la pizarra. Por primera vez en su vida, Lao Lao se sentía respetada. Su educación por fin se había convertido en una ventaja.

Tanto la reputación de Lao Lao como el número de sus alumnas fueron creciendo progresivamente. No tardaron en tener que trasladarse a otra habitación más grande. Ahora, además de dar lecciones por la mañana, también enseñaba por la tarde. Sus estudiantes no sólo le consultaban sobre los libros de clase, sino también sobre cuestiones personales.

El conocimiento siempre se había equiparado a la sabiduría en este país y ahora se consideraba a Lao Lao una mujer docta, un papel con el que se sintió incómoda al principio, pero pronto se adaptó. Cuando yo era pequeña, la acompañaba a las casas de nuestros vecinos, a los que les llevaba sopa de pollo para las esposas enfermas, luego se sentaba en la esquina de sus camas y sujetaba las manos de las que sollozaban y le abrían su corazón.

Nuestras vecinas estaban agradecidas y todas empezaron a llamarla Mama. Durante varios años expresaron su gratitud eligiendo a Lao Lao representante del distrito en la Federación de mujeres de China, la organización más grande y prestigiosa del país. Lao Lao renació.

Durante aquellos felices días a principios de los años cincuenta, Lao Lao no podía imaginar que se volverían a formar unos densos y oscuros nubarrones en su vida, que amenazarían la seguridad de esta gran familia, a la que ella quería con todo su corazón.

La tormenta que se avecina

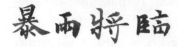

La mayoría de la gente no se acuerda de cuando terminó su infancia. Yo, sin embargo, tengo un recuerdo clarísimo de aquel momento. Ocurrió una noche del verano de 1966, cuando el director de mi escuela primaria se ahorcó. Yo tenía doce años.

Tres años antes me habían elegido junto a unos cien niños más para asistir a la Escuela de Lenguas Extranjeras. Baba me explicó, entusiasmado, que a nuestro país le hacía falta aumentar la enseñanza de idiomas, ahora que China había reanudado las relaciones diplomáticas con varias potencias europeas. Aquel año, tan sólo en Pekín, dos internados, incluido el mío, comenzaron a enseñar a sus estudiantes a hablar varias lenguas a la temprana edad de nueve años. Con eso, se tenía la expectativa de que al cabo de unos diez años de formación, muchos de aquellos alumnos continuaran sus estudios en universidades importantes, con la posibilidad de que les esperara una carrera diplomática cuando se licenciaran.

En el verano de 1963 estaba ocupada, preparándome para aquel nuevo capítulo de mi vida. La escuela de idiomas, situada al otro lado de la puerta de la ciudad, estaba a unas dos horas en autobús desde mi casa. Todos los alumnos se quedaban a vivir en el campus durante la semana. Mientras esperaba que empezaran las clases, pasé la mayoría de días despidiéndome de mis antiguos compañeros de colegio y observando a los adultos prepararme para mi nuevo viaje. En mi armario había una colección cada vez mayor de nuevas posesiones: un edredón azul claro y unas almohadas a juego con florecitas amarillas, que Lao Lao había cosido con esmero; una palangana de porcelana, con unas peonías rosas pintadas; dos pares de pantalones azules y dos blusas blancas; nuevos lápices y cuadernos de colores vivos, que me habían regalado mis compañeros de clase; un espejito rosa plegable, que me había regalado Yi Yi, mi tía más joven; y una cartera de tela vaquera verde para el colegio, que me habían regalado mis padres. Baba me había hablado una vez de cómo fue para él marcharse de casa a los quince años para alistarse en el ejército en 1945, al final de la Guerra de Resistencia. En aquel momento sentí una extraña conexión con su experiencia, al menos con la parte en la que se marchaba de casa, mientras me preguntaba cómo sería la vida en un internado.

A las afueras de Pekín, en la zona oeste, donde paraba el autobús urbano y empezaba el interurbano, había tierras de labranza aquí y allá. Por todo el camino sin asfaltar había grupos de viejas tumbas cubiertas de hierbajos. Oculto tras una hilera de casas de adobe, había un antiguo centro de formación de obreros y agricultores de la administración pública. Hacía unos años lo habían transformado en una escuela de idiomas para estudiantes de instituto. Ahora se había añadido un centro de primaria y otro de secundaria.

El día de la matrícula, cuando me uní a más de cien niños de nueve años, la escuela parecía alegre. Unas banderas de colores vivos adornaban el camino y la entrada a ambos lados y una pancarta roja gigante, donde se leía *HUANYING* (BIENVENIDOS), colgaba de la puerta de hierro. Muchos de los estudiantes de secundaria esperaban en la entrada para ayudarnos con nuestro equipaje. Con la mano, me despedí de Lao Lao y Mama en la puerta y sonreí tímidamente a mi guía adolescente, una chica alta con largas trenzas.

–Me llamo Lan –dijo mientras extendía la mano y me estrechaba la mía antes de inclinarse para coger mi bolsa.

Aturdida, caminé junto a ella por el camino pavimentado con baldosas irregulares de cemento, en dirección a mi dormitorio. Pasamos filas y filas de clases de una planta, de ladrillo gris, con los marcos de las puertas y de las ventanas recién pintados de verde oscuro. Me detuve delante de una con un letrero blanco de madera, pegado al borde de la puerta –CLASE Nº 2–, la mía. Empujé la puerta para abrirla y entré. Ante mí había una disposición familiar: unos escritorios de madera, cuya parte superior era abatible, estaban colocados a ambos lados del aula, seis en cada columna. El estrado del profesor estaba delante de una pizarra nueva, en la que estaba escrito otra vez con tiza roja los dos grandes caracteres para *Huanying*. Encima de la pizarra había colgado un retrato sin enmarcar del presidente Mao. Me senté en un pupitre de la fila de delante, moví la silla un poco y traté de imaginar cómo sería estar en aquella clase.

Más tarde, pues mi visita guiada aún no había terminado, Lan me indicó dónde estaba la cocina y la cafetería. Metí la cabeza en la cocina y vi a una vieja cocinera con un cucharón de hierro grande, removiendo algo en un wok enorme. Detrás de la cafetería había una sala vacía. Lan me contó que todos los actos del colegio se celebraban allí.

Al lado del salón de actos había un huerto.

–Mira las manzanas rojas de esos árboles –dijo Lan con la cara iluminada.

Cogió una del suelo y me la enseñó. Las ramas estaban inclinadas hacia abajo por el peso de aquellas manzanas tan grandes. Me puse de puntillas y toqué una con los dedos.

Luego cruzamos el huerto y rodeamos el campo de fútbol y la pista de atletismo. Finalmente llegamos a mi dormitorio, situado en un edificio de tres plantas, al que unos altos álamos daban sombra. Lan me llevó a una habitación del último piso y sonrió.

–Elige la cama que quieras –dijo–. Tienes suerte de ser la primera.

En la estancia había cuatro literas y dos escritorios pequeños. Me senté en una cama junto a la ventana y Lan puso mi equipaje encima.

–Que vaya bien –se despidió y echó sus largas trenzas a la espalda– y avísame si necesitas algo más.

Después de que se marchara, saqué de la maleta mis nuevas pertenencias. Al verlas esparcidas sobre la cama de madera, de repente añoré mi casa. Me afectó el hecho de tener que pasar seis días a la semana con unos completos extraños. Echaba de menos a Lao Lao, echaba de menos a Di Di y echaba de menos nuestro pequeño patio.

Mientras estaba sentada en la cama, intentando reprimir las lágrimas, una niña entró saltando en el cuarto.

–Esta también es mi habitación –dijo señalando al número de nuestra puerta–. Me llamo Wen –añadió y extendió la mano. Antes de que pudiera contestar, dio una vuelta con su falda de color rojo fuerte y se dejó caer justo a mi lado–. Seremos amigas –dijo con la mano en mi regazo–. ¡Seguro!

El cariño y la confianza de Wen aliviaron mi tristeza, al menos de momento.

–¡Qué espejo tan bonito! –exclamó, cogió mi espejo rosa, lo abrió y lo dejó sobre el escritorio–. Vamos a ver lo que pasa fuera. –Extendió la mano para agarrar la mía y salimos corriendo juntas. Tenía una amiga.

Al despuntar el día a la mañana siguiente nos reunimos para nuestro primer acto escolar. El director, que estaba a cargo tanto de la escuela primaria como de la de secundaria, se dirigió a nosotros desde el podio. Era un hombre bajo, con el pelo canoso y unas gafas gruesas, que hablaba despacio con un ligero acento del sur.

–Bienvenidos –dijo con una voz dulce y calmada–. De ahora en adelante, esta escuela es vuestro hogar.

Me gustó aquella voz suave y su sonrisa fácil. Aquel día habló de nuestra misión y de las grandes expectativas que el país y el Partido habían depositado en nosotros. Junto a él estaba nuestro subdirector, un hombre desgarbado, responsable de la nueva escuela primaria. El día anterior nos había dado la bienvenida en nuestros dormitorios, acompañado de su hija pequeña, que daba saltitos a su lado y llevaba dos trenzas con lazos rojos. El hombre se había sentado en mi cama con su hija en el regazo.

–¿Añoras tu casa? –preguntó con una sonrisa en el rostro mientras sus dedos acariciaban el pelo de su niña.

Agaché la cabeza, demasiado vergonzosa para contestar.

–Ven a visitarnos cuando quieras –dijo y me dio unas palmaditas suaves en el hombro–. Vivimos justo al otro lado del campus.

Su hijita asintió con la cabeza y sus hoyuelos se marcaron al sonreír.

Pronto descubrí que la vida en el internado estaba muy organizada. Nos levantábamos al oír la estridente campana del colegio, nos restregábamos los ojos y saltábamos de la cama para realizar los ejercicios matutinos. Encabezados por nuestros profesores, que se alojaban en la escuela con nosotros, marchábamos en formación y corríamos alrededor de la pista. A aquellas horas, el día aún era parte de la noche y las estrellas brillaban en el cielo antes del amanecer. Al acabar nuestro entrenamiento, cuando empezábamos a ver la salida del sol, ya estábamos bien despiertos.

Después de una ducha rápida, nos reuníamos en la cafetería, donde las mesas ya estaban dispuestas para grupos de diez. El olor caliente y apetecible que despedían los bollos humeantes y las gachas de arroz inundaba la sala. Nos turnábamos para ayudar a los jefes de cocina a poner las mesas y más tarde, a lavar los platos. Nos recordaban constantemente que no debíamos dejar ni una gota en el cuenco de arroz ni en la mesa: «Pensad en los niños famélicos de África.» Yo intentaba imaginármelos con unos grandes ojos hambrientos, unos bracitos huesudos y unas manos delgadas que tendían unos cuencos vacíos mientras pedían al borde de la carretera. Los había visto así en las fotos de muchos periódicos. A veces el estudiante de turno señalaba alguna miga que alguien se había dejado en una mesa y eso ya era más que suficiente para hacernos sentir culpables.

La asignatura de inglés era mi preferida, la impartía la profesora Chen y una mujer de Londres con el pelo blanco, Miss Cohen.

–La fonética inglesa es muy parecida a vuestro sistema fonético –le gustaba decir a Miss Cohen con aquella voz aguda– y el modo más fácil de aprenderla es practicarla cantando.

Aquel día aprendimos nuestra primera canción en inglés, «A, B, C». Luego nos enseñaron «London Bridge Is Falling Down» y «I'm a Little Teapot».

La profesora Chen parecía la hermana gemela de mi madre, tenía la espalda recta, el pelo negro y brillante, y unos ojos expresivos. Como a mi madre, también la rodeaba una ligera intensidad. Cuando la dulzura se convertía en esa intensidad, sabía que era mejor tener cuidado.

Un día trajo a clase doce espejitos y los repartió entre nosotros.

–La o inglesa se pronuncia diferente a la o china –explicó–. Para hacer una o inglesa, debéis aprender a llevar el sonido vocal de la parte delantera de vuestra boca hacia atrás. Miraos en el espejo, a ver si podéis decirme cuál es la diferencia.

Nos pusimos a hacer muecas al espejo y también entre nosotros hasta que al final aprobamos nuestro primer control de la o.

La profesora Chen era una actriz aficionada de mucho talento y escribía obras de teatro para que las representáramos en inglés. Para *La caperucita roja* trajo todos los accesorios a clase, hasta una capa roja de terciopelo, una máscara hecha a mano, pintada con tinta negra para el gran lobo malo, y unas gafitas de lectura y un gorro de dormir suave para la abuela anciana. Enseguida memorizamos todo el texto y nos turnamos para representar la obra delante de la clase. Nuestras profesoras hacían que aprender fuera divertido.

Pero no importaba lo divertidas que fueran mis clases, a menudo añoraba mi hogar, sobre todo por las tardes, cuando tenía tiempo libre para pasear por ahí yo sola. Derramé más de una lágrima en secreto. A veces le pedía al viejo conserje del colegio que me dejara usar su teléfono para llamar a casa. En cuanto Lao Lao descolgaba el auricular, yo rompía a llorar. Por temor a que el conserje no quisiera volver a prestar el teléfono a una llorona, me esforzaba mucho por reprimir mis sollozos. La voz de Lao Lao también sonaba temblorosa al otro lado de la línea. Me preguntaba qué quería que me hiciera de comer cuando fuera a casa el fin de semana y me prometía que sería la primera en esperarme en la puerta de la escuela el sábado por la tarde, para recogerme.

Sin embargo, al cabo de unas semanas, la hora del recreo comenzó a estar más estructurada y no había apenas ocasiones para las lágrimas secretas o para las llamadas a casa. Se formaron varios grupos extraacadémicos para enseñarnos ping-pong, danza, dibujo, atletismo y hasta cómo criar conejos y gusanos de seda. Yo no era muy buena bailarina ni tampoco una corredora rápida, así que me decidí por los conejos, pues recordaba el cariño que les tenía a los de Lao Lao. Mi nueva amiga Wen se apuntó conmigo.

Cerca del corral de los conejos estaba el establo de la escuela, donde vivían dos caballos, un burro y un amable anciano, al que acabamos llamando tío Wang. El tío Wang se ocupaba de los animales día y noche, y los usaba para transportar verduras y leña a la cocina de la escuela. Como vivía solo, era un manitas veterano. El tío Wang era uno de los preferidos de los estudiantes, que iban a verle atraídos por sus historias animadas, su santa paciencia y sus animales de granja. También era el responsable de mi equipo de cría de conejos, un trabajo que desempeñaba con un conocimiento enciclopédico y el entusiasmo de un niño. Siempre que teníamos tiempo libre después de clase, íbamos a su casa para pedirle que nos contara más historias. Durante una de estas visitas, nos dimos cuenta de que la barriga de uno de los caballos cada vez estaba más grande.

–¿Va a dar a luz pronto? –pregunté.

–Dentro de unas semanas –anunció el tío Wang y sonrió abiertamente.

–¿Podremos ver el parto?

El tío Wang nos dijo que sí. Ninguno de nosotros había visto nunca un nacimiento y mucho menos el nacimiento de la cría de un caballo.

–¿Será macho o hembra? –preguntó Wen.

–Habrá que esperar para verlo –respondió el tío Wang con una sonrisa.

Esperamos y esperamos, y cuando por fin llegó el día, el tío Wang metió a la futura madre en el establo, que ahora estaba rodeado por una valla provisional de madera y acolchado con hierba mullida de la granja, que aún tenía el fresco aroma del campo en ella. Como si fuéramos unos parientes inquietos, la íbamos a visitar en cuanto podíamos, incluso en los descansos de diez minutos que teníamos entre clases. Por el contrario, la futura madre parecía tomárselo con paciencia y resignación, aunque su cuerpo delgado estuviera deformado y le pesara por la nueva vida que llevaba dentro.

Por fin, justo después de cenar, cuando cuatro de nosotros nos dirigíamos al establo por décima vez aquel día, vimos la silueta de la yegua perfilada sobre el ligero resplandor del sol poniente, con el tío Wang a un lado y el médico del colegio, que se había convertido en veterinario, al otro. La nueva vida ya estaba allí, podíamos sentir cómo luchaba para que la liberaran. ¿Estaría sana? ¿Sería fuerte?

–No hay nada más común que un parto –dijo el tío Wang–. Millones de seres vienen al mundo y otros millones mueren mientras hablamos, pero no hay nada más mágico y misterioso que presenciar el nacimiento de una nueva vida, de una nueva creación.

De repente la yegua se agachó y su fuerte respiración se transformó en profundos gemidos de angustia. El tío Wang y el médico también estaban de rodillas, como si suplicaran que parara el dolor y llegara la nueva vida, y les caía el sudor por la frente en mitad de aquella noche de mediados de otoño. Creí que iba a ocurrir de un momento a otro, puesto que empezó a latirme muy rápido el corazón y también empecé a respirar fuerte.

Parecía que hubieran pasado horas llenas de emociones (ansiedad, expectación y miedo), que iban y venían como olas en el mar. Nos olvidamos completamente de ir a la sala de estudio. Antes de que la última nube púrpura desapareciera en la oscuridad que se aproximaba, la yegua dio una coz y volvió a gemir. El médico y el tío Wang se habían puesto a cuatro patas para intentar traer al potro a este mundo. La madre tembló y entonces vimos dos cascos diminutos, luego las patas delanteras, el morro, húmedo y suave, después la cabeza y por fin salió todo el potro de la yegua, hacia los brazos expectantes del médico.

Nadie hizo ningún ruido, ni la yegua ni nosotros. Parecía que cualquier sonido pudiera perturbar aquel ensueño. Con ayuda del tío Wang, el doctor ató el cordón umbilical y lo cortó para separar, por primera vez y para siempre, la nueva vida de la vieja. Los orificios nasales de la cría se movieron un poco al tomar su primer aliento sobre la tierra. La yegua volvió a temblar y luego se relajó sobre la hierba mullida, donde levantó la cabeza hacia el cielo, como para observar el último rastro de las nubes púrpuras que desaparecían por el horizonte.

Finalmente recuperamos la voz. Gritamos de alegría y nos abrazamos unos a otros.

–¿Aceptaríais el privilegio de ponerle nombre al recién nacido? –nos preguntó el tío Wang. Nos miramos entre nosotros, incrédulos–. Volved mañana con algunas propuestas –dijo–. Ahora id deprisa a la sala de estudio.

Exaltados por el entusiasmo, decidimos pensar dos nombres cada uno. Después de clase, mientras volvíamos caminando despacio a nuestros dormitorios, intercambiamos nuestras ideas.

–¡Nube Púrpura! –exclamó Wen al recordar el breve instante, pero decisivo, en que nació la potra.

Desde aquel día adoptamos a Nube Púrpura, le llevábamos hierba fresca de las granjas vecinas y ayudábamos a limpiar el establo cuando se nos presentaba la ocasión.

El siguiente domingo, al regresar de casa, Wen entró en nuestra habitación bailando, agitando un trozo de seda reluciente de color púrpura.

–Vamos a hacerle un estandarte a Nube Púrpura –dijo.

Con mucho cuidado, cosimos el nombre de la potra con hilo amarillo sobre la tela y el tío Wang lo colgó con orgullo en la pared del establo.

El semestre avanzaba. A menudo, bien entrada la tarde, nuestros profesores nos llevaban a un parque cercano con un estanque lleno de renacuajos y pececillos brillantes. Recogíamos en bolsas de plástico renacuajos con nuestras

67

propias manos y volvíamos con cautela a nuestros dormitorios. Allí, pasábamos a nuestras presas a una palangana grande de porcelana para intentar criarlos. No recuerdo ver ninguno alcanzar la madurez, pero desde luego no
fue por la falta de cuidados. Poco a poco fui cambiando de
opinión respecto a estar en una escuela lejos de casa, hasta
que un día ya no eché de menos a mi familia.

Pasaron tres años rápidamente en la Escuela de Lenguas
Extranjeras, durante los que estudié mucho, hice amigos y
me divertí. Pero el año que cumplí los doce, todo cambió.

A finales de la primavera de 1966, nos llegaron noticias
de los disturbios producidos en la Universidad de Pekín y
en la de Tsinghua, dos instituciones destacadas de la enseñanza superior. Habían aparecido *dazibao* (pósters de
caracteres grandes) en los campus y acusaban a las autoridades de los centros de apartarse de las enseñanzas del
presidente Mao. Los carteles exigían que las universidades
abrieran las puertas a los obreros y a los campesinos en
vez de a la minoría privilegiada. Se suspendieron las clases
y los estudiantes comenzaron a formar grupos espontá-
neos, que se hacían llamar «guardias rojos», unas palabras
que lucían con orgullo en sus brazaletes rojos.

Un buen día a mediados de verano, el mismo presidente Mao subió a la Puerta de la Paz Celestial, donde diecisiete años antes había proclamado, con aquella voz grave, marcada con un acento de Hunan, la fundación de la
República Popular China. En esta ocasión, vestido con un
uniforme verde del ejército, saludaba a millones de ros-

tros jóvenes, llenos de adoración. Los guardias rojos estaban reunidos en la plaza de Tiananmen, ansiosos por ver al presidente.

—Apoyo a nuestros valientes guardias rojos —anunció al mundo y aceptó el brazalete rojo que le entregó un líder de los estudiantes.

De este modo daba su aprobación oficial al movimiento. Como un fuego arrasador con viento favorable, aparecieron unidades de guardias rojos en todas las universidades y los institutos, y se colgaron en todos los campus carteles que denunciaban a las autoridades académicas.

En nuestra escuela elemental reinaba la tranquilidad, como la calma que precede a la tormenta. Puesto que estábamos separados del instituto por una serie de edificios grises, nos ordenaron que continuáramos con nuestra rutina diaria, mientras que la otra parte del campus hervía de entusiasmo. Muchos de los estudiantes de secundaria formaron unidades de la Guardia Roja propias. Como los soldados en el ejército, se vestían con uniformes verdes con cinturones de piel marrón alrededor de la cintura. En el brazo izquierdo llevaban una tira de tela roja con unos caracteres de color amarillo brillante que significaban *hongweibing* (Guardia Roja).

De vez en cuando les oía ensayar una canción que se había vuelto muy popular:

Usemos los bolígrafos como armas,
apuntemos a la fuerza oscura,
juntos, alumnos y profesores, nos rebelamos
para convertirnos en los pioneros de la Revolución Cultural.

Ensalcemos al presidente Mao y a nuestro Partido,
el Partido es nuestra verdadera madre y nuestro verda-
dero padre,
a quien se atreva a desafiar al Partido,
le enviaremos enseguida al infierno.
Matad, matad, matad.

Una tarde, llenos de curiosidad, varios compañeros decidimos salir a hurtadillas durante el descanso para ir a visitar a nuestros amigos del instituto. De camino descubrimos una pequeña multitud que armaba alboroto delante de la oficina del director. Me abrí paso a empujones y vi a una guardia roja subida a una escalera baja, pegando un letrero en la pared. Era Lan, mi antigua guía, vestida con un uniforme del ejército que le quedaba grande, con las mangas enrolladas hacia arriba. En el brazo izquierdo, sujeto en la manga con un gran imperdible, llevaba un brazalete nuevo de color rojo; y aquellas trenzas gruesas que le llegaban por la cintura se las había cortado y ahora tenía dos coletas cortas que apenas le rozaban los hombros.

Antes de esta época de descontento, Lan me había ido a visitar alguna que otra vez a mi dormitorio como si fuera mi hermana mayor adoptiva. Últimamente no la había visto, pero había oído que se había convertido en una líder de los guardias rojos. En aquel momento parecía una persona a la que apenas conocía. Su afecto de hermana había desaparecido y en su lugar no vi más que ira. Se nos quedó mirando, pero ni siquiera pareció reconocerme. Luego se volvió para alisar las esquinas del cartel, que todavía goteaba tinta negra.

¡LI PING, CONFIESA TU DELITO!, gritaba el título. ENVENENAS NUESTRAS MENTES CON LA IDEOLOGÍA OCCIDENTAL Y ENSEÑAS A LOS ESTUDIANTES A SEGUIR EL CAPITALISMO EN VEZ DEL COMUNISMO.

Me quedé atónita. Li Ping era nuestro director. «¿Cómo podía tratar de envenenarnos un hombre con una sonrisa tan dulce y aquellas gruesas gafas de erudito?», me pregunté. Me volví hacia mis amigos y vi en sus rostros la misma expresión de asombro.

–Vamos a buscar a mi hermana –sugirió Wen–. Ella sabrá lo que ha pasado.

La hermana mayor de Wen, Ling, era la presidenta de su clase en el instituto, una persona que, según creíamos Wen y yo, estaba destinada a ser alguien importante.

Encontramos a Ling sentada sola al final del aula. Tenía ojeras bajo los ojos, parecía que llevaba varios días sin dormir. Miré su brazo y vi que no llevaba un brazalete rojo.

–¿Qué ha pasado? –preguntó Wen.

–No lo sé –respondió–. Muchas personas estaban en la lista de ataque, incluida yo. Dijeron que era una seguidora del director y que no me iban a dejar unirme a los guardias rojos.

–Hemos visto a Lan pegar un cartel en la pared que acusaba al director –dije tartamudeando, pues sabía que Lan y Ling eran amigas.

Una triste sonrisa cruzó el rostro de Ling.

–Ya no me habla desde que mi nombre apareció en la lista de acusados. –Entonces Ling se dirigió a su hermana con una noticia terrible–. Se han llevado a papá. Todavía no ha vuelto.

Antes de que Wen pudiera hacer más preguntas, la voz de Ling sonó más positiva.

–El presidente Mao apoya a los guardias rojos –dijo–, así que deberíamos tener fe.

Al marcharnos, todavía estábamos más confundidas que antes.

Conforme pasaban los días, aumentaba la incertidumbre en la vida del campus. Ahora había carteles por todas partes: en las paredes del auditorio, en los dormitorios y en los edificios de la administración. Habían difundido algunos pósters en nuestra escuela elemental. La lista de los acusados no incluía tan sólo a los directores, sino también a algunos de nuestros maestros. Nuestro profesor de matemáticas, un hombre afable de unos sesenta años, fue tildado de «asqueroso traidor» porque decían que le había dado clases de matemáticas al hijo de un general japonés durante la Segunda Guerra Mundial. A la profesora Chen, mi profesora preferida de inglés, le prohibieron darnos clase después de acusarla de corromper las mentes jóvenes con mitología y cuentos de hadas occidentales. Preocupada como estaba, llamé a la puerta de su habitación varias veces, pero nadie contestó.

Miss Cohen también nos había dejado sin previo aviso. Al irse cancelando una clase tras otra, me encontré que todos los días tenía más tiempo libre del esperado. Sin saber qué hacer, Wen y yo deambulábamos sin rumbo fijo por el campus y corríamos hacia las multitudes cada vez que se congregaban.

Una mañana me desperté temprano de un sueño agitado y salí a trompicones de mi dormitorio en busca de aire fresco. Inmediatamente vi a varios guardias rojos que salían a toda velocidad del instituto hacia el edificio de administración. Curiosa, corrí tras ellos. A pesar de la distancia, oía los gritos y los chillidos que venían hacia mí como olas del mar. Se había reunido una multitud delante de la oficina del director. Me abrí paso y allí lo vi, sangrando por la nariz y la cabeza, con sus gruesas gafas hechas añicos en el suelo. Un guardia rojo alto levantó al director contra una pared de ladrillo.

–¡Confiesa! –gritó el estudiante a pleno pulmón.

–¡Confiesa, confiesa! –intervinieron sus compañeros.

–Pero yo no he hecho nada malo. –El director respiraba con dificultad–. Siempre he sido fiel al Partido.

–¡Mentiroso!

El guardia rojo alto agarró al director por el cuello y levantó un puño.

Empecé a temblar; luego me di la vuelta y me abrí paso para alejarme del gentío. Corrí todo lo rápido que pude y me desplomé en mi cama.

–¿Qué ha pasado? –me preguntaron Wen y mis otras compañeras de cuarto, que todavía se restregaban sus ojos dormidos.

–Están pegando al director –susurré.

–¿Qué?

Todas salieron de la cama.

–No vayáis –les supliqué–. ¡Por favor, no vayáis!

Como si no hubieran oído lo que les acababa de decir, se vistieron enseguida y salieron corriendo. Wen no tardó en volver a entrar en la habitación tambaleándose, con los ojos abiertos de par en par, llenos de incredulidad. Después de aquello dejé de salir corriendo hacia cualquier muchedumbre.

Más tarde le pregunté a Wen si tenía noticias de su padre.

–Ya ha vuelto –dijo y comenzó a llorar–, pero está lleno de moratones.

–¿Qué vas a hacer?

Se enjugó las lágrimas y contestó:

–Me voy a casa. En la parte trasera de nuestro patio tenemos un almacén oculto. Mis hermanas le han pedido a mi padre que se esconda allí cada vez que alguien llame a la puerta. Si se atreven a llevárselo otra vez, nos enfrentaremos a ellos.

Varios de nuestros compañeros de clase ya se habían marchado a sus casas; nadie iba a advertir una desaparición más en la escuela.

–Iré a visitarte pronto –le aseguré.

Las clases cada vez eran más esporádicas, los profesores estaban demasiado preocupados con sus propios problemas como para prestarnos mucha atención. Aquella vida disciplinada de los tres años anteriores se estaba convirtiendo en un recuerdo lejano.

Entonces una mañana, no mucho después de que Wen se marchara a su casa, salí de mi dormitorio y vi a varias compañeras apiñadas en la puerta con las caras tensas por el miedo.

–¿Qué pasa? –pregunté.

–Dicen que nuestro director se ha suicidado –contestó

una de ellas–. Dicen que se ha colgado de un árbol en el parque de las Colinas Perfumadas.

–Encontraron una nota en su bolsillo donde decía que era fiel al Partido y al presidente Mao –añadió otro.

Me quedé helada, petrificada, y me persiguió de nuevo aquel recuerdo reciente del director contra la pared y sus gafas destrozadas, tiradas en el suelo. Aquella noche me costó mucho dormirme. Cuando por fin lo conseguí, tuve un sueño vívido. Vi a nuestro director colgado de una gruesa rama, con una soga alrededor del cuello. Sus gafas rotas, pegadas con esparadrapo, pendían de una oreja y uno de sus zapatos había caído al suelo.

Ahora me aislaba en mi habitación todo el tiempo que podía. Era el único sitio del campus donde me sentía a salvo del caos, hasta que una tarde, una guardia roja vino a mi cuarto con un altavoz en la mano.

–¡Todo el mundo fuera! –gritó–. Debéis ir a nuestra reunión de condena en el salón de actos.

Seguí a regañadientes a mis compañeros de clase y me coloqué lentamente en la parte de atrás de la sala. Varios guardias rojos empujaban a nuestro subdirector hasta el tablado. Tenía las mejillas lívidas y el pelo se le había vuelto canoso. Un guardia rojo le dio una patada en las piernas para obligarle a arrodillarse.

De repente, otra guardia roja se abrió paso hacia el podio con la hija del subdirector de la mano. Era Lan.

–Acusa a tu padre –ordenó–. Acúsale con este palo.

Confundida y asustada, la niña de siete años empezó a llorar.

–Los niños del presidente Mao nunca derraman lágrimas –dijo Lan alzando la voz–. Has dicho que quieres al presidente Mao, ¿verdad?

La niña asintió, sollozando.

–Entonces tienes que acusar a tu padre.

Con los dedos de Lan todavía agarrando los suyos, la pequeña, que aún lloraba, levantó la mano. Intenté taparme los ojos, pero vi cómo el palo caía sobre la cabeza de su padre y cómo las lágrimas surcaban las mejillas del hombre.

Hice la maleta aquella tarde y salí corriendo por la puerta de la escuela. Decidí no volver a pisar aquel lugar nunca más. Era la primera vez que anhelaba tanto el refugio tranquilo de nuestro pequeño patio.

Ya no es mi hogar

无家可归

Una vez, cuando era niña, me sorprendió una tormenta mientras jugaba en el parque. De repente el cielo se oscureció y el viento se llevó todo lo del suelo, la tierra, las ramas desprendidas de los árboles y los trocitos de papel. Los truenos retumbaban mientras los relámpagos centelleaban a lo lejos. Por suerte, había un pabellón por allí cerca y corrí hacia él. Gracias a aquel tejado inclinado, el viejo pabellón me resguardó, aunque tuviera los laterales completamente abiertos. Allí, en aquel pequeño refugio aislado, observé y esperé a que el tiempo mejorara. Pero la lluvia que caía a cántaros no tardó en alcanzar el pabellón y me caló hasta los huesos. Me di cuenta de que allí no estaba a salvo, puesto que la tormenta estaba en todas partes.

Como aquella tormenta, la avalancha de violencia por parte de la Guardia Roja en la escuela de idiomas me arrolló con tal fuerza inesperada que no tuve más remedio que huir. El hecho de volver al santuario del patio de nuestra casa me tranquilizaba, pero también se me hacía raro. Habían pasado tres años desde que empecé a estudiar en el internado. Como siempre, los abrazos de Lao Lao me hicieron sentir segura. Incluso el olor a jengibre y a pimienta de su cocina era reconfortante. Pero echaba de menos a mis amigos del colegio y estaba preocupada por lo que les fuera a pasar a algunos de mis profesores favoritos. ¿Les pegarían como a nuestros directores?

También temía por Mama. La habían trasladado al colegio de secundaria Sol Rojo de Pekín como decana de los estudiantes. Antes de aquello, había enseñado durante años en una escuela de un pueblo lejano. Recuerdo que la echaba de menos cuando era niña. Todos los sábados por la mañana, Di Di y yo llevábamos afuera nuestros pequeños taburetes, nos sentábamos delante de la puerta y esperábamos a que apareciera. En cuanto la veíamos al otro extremo de nuestra *hutong*, corríamos tan rápido como podíamos para encontrarnos con ella. Entonces nuestra madre se agachaba y nos cogía en brazos. Pero ahora era la primera vez que yo recordaba que estaba en casa entre semana y que cenaba con ella todas las noches. Aunque pronto descubrí que a menudo estaba demasiado cansada para hablar y que parecía preocupada, como si me estuviera ocultando algo.

Puesto que ya no dormía profundamente como solía hacerlo, una mañana me desperté temprano de un mal sueño. Los demás parecían aún dormidos. Sin hacer ruido, abrí la puerta de madera y salí al amanecer neblinoso para ver si a aquellas horas había algún vendedor ambulante al que comprarle alguna pasta para desayunar. Pero lo que encontré fue un gran cartel que me despertó de golpe. Con unos caracteres en negrita, acusaba a Lao Lao de ser una enemiga del pueblo y la mujer de un asqueroso capitalista. ¡Lao Lao! ¡Mi lao lao, que había ayudado a tanta gente! Lao Ye ni siquiera estaba vivo, había fallecido hacía años, pero aquello no parecía importar. La ira se apoderó de mí y fui corriendo a despertar a Di Di para enseñarle lo que había visto.

–Tengo una idea –dijo y luego desapareció.

Un minuto más tarde, Di Di volvió con una navaja en la mano. Le levanté en brazos y vigilé la calle mientras él destrozaba el cartel y lo cortaba con todas sus fuerzas hasta hacerlo trizas. Después de tirar el cuchillo al suelo, arrancó el papel que quedaba.

Volvimos a hurtadillas a nuestro patio y tiramos al váter el cartel roto. Satisfechos, nos metimos en la cama.

Unas horas más tarde, me desperté sobresaltada por un ruido en el patio. Alguien le estaba gritando a Lao Lao.

–¿Qué has hecho con el cartel? ¿Cómo te has atrevido a destrozarlo?

Miré a través de la cortina y reconocí al hijo y a la hija adolescentes de un vecino. El chico, rojo de cólera, estaba gritando a Lao Lao. Me puse el edredón encima de la cabeza y empecé a gritar.

–Por favor, por favor –supliqué con todo mi corazón–, no le hagáis daño a Lao Lao.

De pronto se armó un alboroto en el exterior de nuestro patio y los hermanos se dieron la vuelta para marcharse, enajenados.

–¡Te estaremos vigilando! –le gritaron a Lao Lao mientras se iban.

Poco después de ese incidente, averigüé lo que preocupaba a Mama. Como a mi antiguo director de la escuela de idiomas, la habían acusado de haber abandonado la enseñanza del presidente Mao y de envenenar las mentes de los estudiantes. Ahora, noche tras noche, me la encontraba sentada en su mesa, escribiendo las «confesiones» de su supuesto delito, que le habían exigido los guardias rojos de su colegio. Entonces, un día nos dijo que le habían ordenado que se alojara en la escuela con el resto de administradores.

Aquella mañana Di Di y yo la ayudamos a llevar su equipaje al centro. Habían convertido un aula en una habitación provisional. En los rincones había varias camas destartaladas. La directora del colegio ya estaba allí, intentando cubrir su litera de madera con unas mantas gastadas. Llevaba una chaqueta azul descolorida y el pelo blanco le caía sobre la cara cada vez que se inclinaba para estirar la cama. Cuando entramos, se dio la vuelta y nos saludó en silencio con un gesto triste.

Di Di y yo extendimos el edredón verde de Mama sobre otra cama. Era el mismo que había usado hacía años cuando estaba en el ejército, luchando para una China nueva. Mama no había querido tirarlo y Lao Lao había remendado los agujeros que tenía con diferentes telas. Ahora el edredón parecía un viejo mapa del mundo.

Por la ventana abierta, Mama de repente vio a un grupo de guardias rojos que se acercaba a nosotros a grandes zancadas. Se volvió hacia Di Di y hacia mí e insistió en que debíamos marcharnos inmediatamente. Salimos de la habitación a regañadientes, mientras nos volvíamos para mirarla cada pocos pasos. Todavía estaba inmóvil en la ventana cuando doblamos la esquina hacia una calle más transitada.

Al día siguiente Di Di y yo fuimos a verla otra vez y le llevamos unas empanadillas que había hecho Lao Lao. En el camino de vuelta a casa, nos siguieron dos alumnos de Mama. Miré a Di Di y doblamos nuestra velocidad. Los estudiantes nos seguían el ritmo. Cuando nos metimos en un callejón tranquilo, empezaron a arrojarnos piedras.

–¡No la visitéis más! –gritó uno de ellos–. ¡Es nuestra enemiga!

Di Di cogió una piedra y se dispuso a devolvérsela, pero le agarré de la mano y empecé a correr, pues sabía que con once y doce años no estábamos a la altura de unos estudiantes mayores. Nos persiguieron hasta que por casualidad apareció nuestro vecino, el tío Liu, que volvía a casa del trabajo. Les detuvo con unas palabras a voz en grito y el puño levantado.

Como les habían pillado desprevenidos, los estudiantes nos miraron con desdén.

–Volveremos, sabemos dónde vivís –gritaron antes de que finalmente se dieran la vuelta para salir corriendo calle abajo.

De pronto ya no me sentía a salvo en ningún sitio, ni siquiera en mi casa.

Después de nuestro encontronazo con los alumnos de Mama, Lao Lao y Baba decidieron que Di Di y yo nos mudáramos con nuestro padre a su estudio cinematográfico, puesto que la agitación política todavía no había afectado a los militares. Le pedí a Lao Lao que fuera con nosotros, porque de lo contrario se quedaría sola en casa y los guardias rojos del vecindario aún no le habían quitado el ojo de encima. Pero Lao Lao negó con la cabeza.

—Tengo que ocuparme de nuestras casas —dijo— y tu madre, tus tías y tus tíos me necesitarán cuando vuelvan. Vete con Baba —añadió—. Iré a verte pronto.

Y de aquel modo, a regañadientes, Di Di y yo salimos por la puerta, detrás de Baba.

El estudio cinematográfico de nuestro padre estaba a unas dos horas de casa en autobús. Todas aquellas pensiones desperdigadas en medio de las tierras de labranza me recordaban a la escuela de idiomas. A un lado del gran recinto, había un lago rodeado de sauces llorones y un par de bancos de madera improvisados. Por el día, unos cuantos agricultores ancianos se agachaban junto a la orilla con cañas de pescar en la mano. Desde sus inicios a principios de los años cincuenta, el estudio, fundado por los militares, se había dedicado fundamentalmente a hacer películas y documentales sobre la historia del ejército y las vidas heroicas de los soldados. Para unas ochocientas familias aquel gran recinto era su hogar, lo que me ofrecía una buena cantidad de posibles compañeros de juegos. Como me había acostumbrado a la vida del campus, hacía amigos enseguida.

En el estudio, congregaban día y noche a la mayoría de los adultos para informarles sobre los acontecimientos que habían ocurrido en el país y para estudiar las últimas instrucciones de Mao y del Partido. De este modo, los niños nos las arreglábamos solos y teníamos libertad para hacer lo que nos placiera. Di Di y yo pasábamos la mayor parte del tiempo con nuestros dos nuevos amigos, Yun, una niña de mi edad, y su hermano, Lin, que era unos años mayor. Comprábamos cupones de comida en el comedor y los llevábamos en los bolsillos para que cuando rugieran nuestros estómagos, fuéramos corriendo al comedor, arrancáramos una página del talonario de cupones, cogiéramos cualquier cosa del puesto de comida, la engulléramos y saliéramos corriendo otra vez. Para nosotros comer era un fastidio inevitable. Los días eran muy cortos y teníamos mucho que hacer.

Al principio pasábamos la mayoría del tiempo jugando junto al lago. Lin había acompañado a su padre al lago infinidad de veces y dominaba el arte de la pesca. Se ponía el gran sombrero de paja de su padre y empezaba su rutina a primera hora de la mañana, con una caña de pescar en la mano y un cubo en la otra. Seguía el estrecho camino de tierra que separaba el lago del maizal en busca de lombrices. Antes de darme cuenta, ya tenía suficientes gusanos para llenar el fondo del cubo. Después inspeccionaba el lago, encontraba un lugar estratégico bajo un sauce grande y ponía el cebo en el anzuelo. Se calaba bien el sombrero de paja y se quedaba allí agachado pacientemente durante toda la mañana. Yun y yo a veces íbamos con él, pero ninguna de las dos tenía tanta paciencia para quedarse mucho rato antes de que nos distrajeran otras actividades, como cazar libélulas con Di Di.

Mi hermano se había convertido en un cazador de libélulas muy bueno. Con una red casera atada a un palo de bambú, se escondía detrás de un árbol, como un cazador a la espera de su presa, y sorprendía a la libélula cuando ésta se posaba en tierra. Según él, se cazaban mejor justo antes de una tormenta, pues entonces las libélulas volaban bajo. Intenté imitarle, pero no tuve suerte.

Entonces, con Yun, descubrí la piscina al aire libre del estudio. Como se calentaba de forma natural al sol, el agua estaba divina. Los días que pasé en el estudio cinematográfico estuvieron llenos de momentos gratos. En aquel feliz oasis, empecé a sentir que la vida podía volver a ser normal.

Llegó el comienzo del curso escolar en septiembre. No tenía deberes y hacía meses que no había leído ni un solo libro. Sorprendentemente, empecé a aburrirme, como si viviera en un bucle temporal, donde las mismas imágenes tediosas se repetían una y otra vez.

–¿Qué va a ser de nosotras? –le pregunté a Yun.

Pero antes de que pudiera orientarme, la agitación política en el estudio de Baba, como la tormenta inminente con la que me había encontrado en el viejo pabellón, se hizo cada vez más inevitable, hasta que un día irrumpió y me expuso de nuevo a la furia de los elementos.

Al lado de nuestro apartamento temporal vivía una pareja joven muy agradable. El marido era un compositor famoso y la esposa, a la que acabé llamando tía Song, había sido actriz. Como no tenían niños, nos trataban a mi hermano y a mí como si fuéramos sus hijos.

La tía Song apreciaba muchísimo su pelo suave y brillante, que, cuando se lo soltaba, le caía en cascada sobre los hombros, como seda negra. Yo lo admiraba también y se lo peinaba y trenzaba a menudo. Tras el comienzo de la Revolución Cultural, el pelo largo, como la ropa y los accesorios caros, no se consideraba adecuados por los ideales puritanos del movimiento. La nueva moda era llevar un uniforme sencillo del ejército, si es que tenías la suerte de conseguir uno, y el pelo corto y liso. El pelo corto no tardó en ser algo más que un estándar, se convirtió en una exigencia. Sin dudarlo ni lamentarme, me corté mis largas trenzas, que pasaron a ser dos coletas por los hombros. Como era una joven adolescente, me hacía feliz seguir la última moda.

Sin embargo, para la tía Song cortarse el pelo era como separarse de un viejo amigo. Todos los días se lo recogía en un gran moño y lo ocultaba bajo una gorra del ejército de talla grande; sólo se lo soltaba en presencia de muy poca gente, incluida yo. Se lo peinaba con delicadeza todas las mañanas con un peine de marfil antes de recogérselo en un montón voluminoso detrás de la cabeza. A veces yo intentaba sujetarle el moño con grandes horquillas de acero.

Una mañana a primera hora la saludé desde el balcón mientras se dirigía, con un cesto de bambú en la mano, al mercado de los campesinos que había fuera del estudio. No habían pasado ni diez minutos cuando oí que llamaban fuerte a la puerta. Era la tía Song, que sostenía unas tijeras con sus manos temblorosas.

Al principio no podía ni hablar. Le llevé un vaso de agua y le pedí que se sentara. Finalmente se explicó.

–Hay unos guardias rojos en la entrada con tijeras oxidadas para cortar el pelo de cualquiera que no lo lleve a la medida correcta. –Me miró y luego puso en mis manos las tijeras que sujetaba–. Córtamelo tú.

–¿Yo? –me sorprendió su petición–. No se me da bien cortar el pelo.

–Tú lo harás mejor que ellos –susurró–. Al menos lo harás con delicadeza.

Bajé la mirada hacia las tijeras.

–Ven –dijo y se sentó delante de mi espejo–. No pasa nada.

Al sentir aquel pelo negro y suave, suelto sobre sus hombros por última vez, me temblaron las manos. Con tan sólo dos tijeretazos me había cortado las trenzas, pero ahora los dos primeros intentos ni siquiera se notaban. Al final, me mordí el labio, mantuve firme la mano y respiré hondo; unas ondas de pelo negro y sedoso cayeron por los hombros al suelo.

–Ahora me toca a mí –me encontré a mí misma diciendo–. Ven y córtame el pelo a mí también. –No entendí muy bien por qué lo dije, si para consolarla o para demostrar camaradería–. De todos modos, siempre he querido llevar el pelo más corto.

–¿Estás segura? –preguntó.

–Sí. ¡Hazlo!

Sacó el peine de marfil de su bolsillo y me sentó delante del espejo. Capa a capa, levantó mi pelo con delicadeza y con la mano de una experta, lo cortó, mientras se retiraba de vez en cuando para ver cómo quedaba su creación.

–Tenía que haberte pedido que me lo cortaras hace tiempo –dije. Luego, a cuatro patas recogí los mechones de su pelo largo y suelto, que ahora estaban mezclados con los míos, y los deposité con cuidado en una bolsa de plástico–. Nuestros recuerdos –le dije.

El tranquilo refugio que habíamos encontrado en el estudio cinematográfico de Baba estaba empezando a resquebrajarse. En los días siguientes se destrozó del todo. Una mañana a primera hora, unos días después de haberle cortado el pelo a la tía Song, oí que llamaban a mi ventana y vi la cara inquieta de Yun a través del cristal. Supe que no me había ido a buscar para ir a pescar, algo no iba bien. Salí como pude de la cama y la dejé entrar en la habitación.

–Se han llevado a mi padre esta mañana –dijo en voz baja– y nos han ordenado que nos vayamos del recinto.

El padre de Yun, el tío Chen, era el director del estudio de cine y el cabeza de una familia de cuatro miembros, que vivía en un apartamento soleado de tres habitaciones, cerca de nuestro edificio.

–¿Adónde vais a ir? –pregunté.

–A una choza que hay fuera del recinto –bajó la cabeza con lágrimas en los ojos.

Corrí con Yun a ver a su familia. Detrás del maizal, a unos veinte minutos andando del estudio, había una hacienda deshabitada. No había cocina, ni baño ni agua corriente. Al otro lado del patio, había un pequeño pozo con una bomba oxidada. Lin estaba ayudando a su madre a llevar un cubo de agua a la casa para limpiar el suelo, con un tirachinas en la mano. Yun me explicó que quería estar preparado por si acaso. Pero desde luego, nadie podía estar realmente preparado para lo que iba a suceder.

Después de aquel día no hubo más excursiones para ir de pesca, aunque todavía nos veíamos por las mañanas temprano, tanto por costumbre como por camaradería. Baba venía con nosotros muchas veces antes de marcharse a sus reuniones, pues el tío Chen y él eran muy buenos amigos. Los adultos ahora hablaban en voz baja, a pesar de que la casa más próxima estaba a mucha distancia.

–¿Por qué le hacen esto al tío Chen? –le pregunté a Baba.

–No creas lo que oyes –respondió– y ten cuidado con lo que dices.

Menuda diferencia con aquellos días no tan lejanos, cuando hablaba con toda confianza sobre cualquier cosa. Ahora su voz estaba llena de dudas, de confusión y de prudencia.

–Cuidad de vuestra madre –dijo Baba al volverse hacia Yun y Lin–. Vendré a visitaros en cuanto pueda escaparme.

Al final llegó el día que tanto había temido. Los altavoces, bien colocados por todo el estudio, anunciaron a todo volumen el nombre del tío Chen y sus supuestos delitos. Se ordenó a todo el mundo que estuviera presente en la reunión de mediodía, la primera de este tipo que se convocaba en el estudio. Me estremecí al recordar los encuentros similares que había presenciado en la escuela de idiomas y corrí a casa de Yun.

–No vayas –le supliqué–. Por favor, no vayas.

Parecía que Yun había estado llorando. Lin estaba ocupado ajustando su tirachinas. Sobre su cama tenía esparcidas unas piedras grandes que debía de haber cogido por el lago.

–Si se atreven a hacer daño a nuestro padre –dijo Yun–, Lin le defenderá.

Los altavoces volvieron a retumbar. Incluso desde aquella distancia, lo oíamos todo.

–Vamos –dijo Lin mientras cogía las piedras.

El centro de la pista de baloncesto se había convertido en una plataforma provisional. Los soldados habían aprovechado bien la colección de productos electrónicos que tenía el estudio. Había cuatro altavoces colgados de las cuatro esquinas de la tarima, con un micrófono de cuello largo delante. La multitud soltó un grito ahogado cuando empujaron al tío Chen, junto a dos vicepresidentes del estudio, para que subieran al tablado. Llevaban colgada del cuello una pesada placa de madera con su nombre escrito al revés y una X negra encima. Los altavoces empezaron a decir sus nombres a todo volumen mientras los soldados comenzaban a gritar.

–Bajad las cabezas y confesad vuestro delito.

Uno de ellos intentó obligar al tío Chen a bajar la cabeza, pero él la mantuvo alta, con las venas hinchadas y algunas manchas de sangre alrededor de la cuerda que sujetaba la placa de madera.

–No he cometido ningún delito –respondió el tío Chen a voz en grito–. Me alisté en el ejército a los catorce años y luché por China. ¿Acaso es eso un crimen?

Un soldado con la cara roja abofeteó fuerte al tío Chen y la sangre mezclada con el sudor le cayó por el rostro. Yun hacía lo posible por silenciar sus sollozos mientras que Lin, a mi lado, con los ojos clavados en el soldado, sacaba el tirachinas del bolsillo. Colocó una piedra grande en el centro. Pensé en las acusaciones y las amenazas que Lao Lao tuvo que soportar como consecuencia de mi pequeña refriega con los guardias rojos. Sabía que Lin tenía buena puntería pero, ¿qué ganaría con ello? Lo más seguro era que pegaran al tío Chen hasta matarle debido a la valentía de su hijo. Extendí la mano y estiré del tirachinas. Lin lo soltó. Se volvió hacia mí sin dar crédito, pero yo ya estaba de espaldas y eché a correr con el tirachinas bien agarrado. Atónitos, mis dos amigos echaron a correr detrás de mí. No paré hasta que irrumpí en mi habitación y me desplomé en la cama.

Lin estaba furioso.

–¿Por qué? –preguntó.

Le conté lo de Lao Lao y el cartel y lo que habíamos hecho Di Di y yo.

–No querrás que peguen más a tu padre por tu culpa –dije.

Al oír eso, los anchos hombros de Lin empezaron a temblar. Se dejó caer en el suelo y hundió la cabeza entre sus brazos. Yun y yo nos acurrucamos junto a él cuando el cuarto se oscureció a nuestro alrededor. Nos preguntamos qué ocurriría a continuación.

La pesadilla no terminó pronto. Unos días más tarde, Baba apareció de repente a mediodía y cerró la puerta de su habitación sin mediar palabra. Otra vez sucedía algo muy malo.

–¿Qué ha pasado? –le pregunté cuando entré en su dormitorio.

Miró por la ventana y susurró:

–Han encontrado al tío Tang colgado de un árbol junto a la sala de calderas.

Me quedé paralizada. El tío Tang era otro buen amigo de Baba y su hija también era amiga mía. El tío Tang, un destacado director de cine, era famoso en todo el país. En el estudio, él y su esposa se conocían por ser dos tortolitos que no soportaban estar separados. Cada vez que el tío Tang tenía que salir de viaje, su mujer le hacía la maleta cuidadosamente, con camisas y pantalones a juego, y también le ponía las medicinas en botes pequeños, marcados para cada día que iba a estar fuera. Después de dieciocho años de matrimonio, se escribían todos los días.

Últimamente, sin embargo, habían tachado al tío Tang de traidor. El estudio afirmaba que había traicionado al Partido cuando fue capturado por los nacionalistas durante la guerra civil. Aquello fue un crimen contra el país, según decía el estudio. Los que estuvieran con él sufrirían nefastas consecuencias. En el pasado un supuesto delito de tal naturaleza se hubiera penado con la cárcel o con un fusilamiento. El nuevo director del estudio le pidió a la señora Tang que dejara a su marido para mostrar lealtad al Partido y salvarse a sí misma. Al final, desesperada, la señora Tang decidió pedirle el divorcio a su marido.

–Si insistes –dijo el tío Tang–, me mataré. No tendré motivos para vivir.

La señora Tang insistió y al día siguiente lo encontraron colgado de un árbol.

La muerte del tío Tang me afectó mucho más que los otros acontecimientos que habían ocurrido en mi vida durante los dos años anteriores. Tal vez se debió a que fue el primero en morir de las personas con las que tenía una relación más estrecha. Su muerte también me trajo a la mente preguntas que me habían inquietado desde el principio de la Revolución Cultural. «¿Qué nos está ocurriendo? –no paraba de repetirme– ¿Por qué tiene que morir tanta gente?».

Todos los principios de la vida que me habían inculcado tan bien mis padres, y el colegio y la sociedad me había reafirmado, parecían de pronto haberse vuelto del revés. Los amigos se habían convertido en enemigos y el amor, en odio. El cielo y el infierno se habían cambiado el sitio. Ahora me sentía confundida, vulnerable y muy apenada, unos sentimientos que me habían sido totalmente ajenos hacía unos años.

Una noche, tras el suicidio del tío Tang, le pedí a Baba que me explicara todo aquello. Un fuerte silencio había reemplazado su desenvoltura habitual.

–¿Por qué se quitó la vida el tío Tang? ¿Es de verdad un enemigo?

–No.

Y luego volvió a quedarse en silencio.

92 Los ojos se me llenaron de lágrimas al pensar en la hija del tío Tang, la amiga que ahora se había quedado sin padre.

—El tío Tang era un buen hombre. Lo conocía muy bien —dijo Baba mientras apagaba su cigarrillo en el cenicero—. Sólo porque lo hayan acusado de un delito, no significa que lo haya cometido. —Después, antes de salir de la habitación, añadió—: No creas siempre lo que la gente dice.

Últimamente Baba parecía advertirme a menudo que no creyera en lo que decían los demás. A diferencia de cuando era pequeña, me di cuenta de que ya no podía confiar en los adultos con todo mi corazón. En aquellos tiempos aprendí a ser leal a mi familia y a mis amigos, a confiar en los profesores y en mi colegio, y a ser fiel al presidente Mao y a nuestro país. Para mí, la familia y el país eran lo mismo. No tenía ningún problema en ser leal a los dos.

En el pasado, los enemigos de nuestro país eran tan claros como mis propias lealtades. A veces el gobierno se refería a ellos como los «americanos imperialistas». En otras ocasiones nuestros archienemigos eran los «soviéticos revisionistas». Esos enemigos para mí estaban muy lejos y era fácil odiarlos. Incluso para mí era bastante sencillo detestar a los que estaban en casa, a los terratenientes y a los espías, puesto que no los conocía personalmente. Pero ahora era muy difícil distinguir los enemigos de los amigos. Si eras leal a una familia como la de la señora Tang, significaba que traicionabas al Partido. Si simpatizabas con los amigos de según quién, se podía considerar que desobedecías al presidente Mao. Me sentía como una niña perdida en un bosque frondoso, donde la oscuridad envolvía todos los senderos conocidos.

Mi confusión se intensificó cuando de repente un día el altavoz del estudio anunció el nombre de Baba y lo llamó enemigo del pueblo. Justo ese día habían pedido a Baba y a unos cuantos que decoraran el salón de actos para celebrar el comunicado de una nueva enseñanza del presidente Mao. En aquella época era frecuente hacer recortables de papel con la imagen de Mao para colgarlos en la pared. A Baba le costaba recortarlos.

–Es como cortar carne con un cuchillo romo –dijo en broma.

Al poco rato el altavoz ya gritaba su nombre.

–Un nuevo contrarrevolucionario se oculta entre nosotros. ¡Se ha atrevido a burlarse del presidente Mao! Esta tarde tendrá lugar la reunión de denuncias.

¡Alguien había delatado a Baba por su comentario inocente! En aquel instante deseé tener el tirachinas de Lin. Aquella noche, cuando los soldados detuvieron a Baba, Lin y Yun, junto a su madre, vinieron a vernos a Di Di y a mí. La señora Chen nos dijo que el hecho de denunciar a Baba por aquella broma inocente no había sido más que un pretexto. Hacía tiempo que el estudio iba detrás de él y simplemente esperaban tener una excusa para actuar. Lin y Yun habían traído un cesto lleno de comida y se quedaron a pasar la noche con Di Di y conmigo en solidaridad silenciosa.

Como tenía la sensación de que acabarían detrás de él, Baba llamó a Lao Lao y le pidió que nos llevara de nuevo a su casa; el estudio del ejército ya no era un sitio seguro.

¿Había algún lugar que sí lo fuera?

En busca de una casa

Los días de la Revolución Cultural pasaban como minutos en un reloj sin esfera. Pronto fue difícil recordar cómo había sido la vida antes de los guardias rojos. Vivíamos de hora en hora.

Después de que detuvieran a Baba en el estudio de cine, Di Di y yo volvimos a casa con Lao Lao y me sentí aliviada al encontrar nuestra casa intacta. Lao Lao, como siempre, había quitado el polvo de los muebles meticulosamente y las estanterías, nuestros silenciosos guardianes, seguían allí, una tras otra, extendidas del suelo al techo.

No había nada que Baba apreciara más que sus libros. Había gastado en ellos todos los ahorros de su escaso sueldo. Hasta había diseñado una estantería especial para Di Di y para mí, hecha de madera roja y enmarcada con unos bonitos paneles de cristal. En los estantes nos puso literatura universal que había escogido detenidamente para nosotros: desde los cuentos de hadas de Andersen hasta las fábulas de Esopo, pasando por las historias de Mark Twain y *La llamada de la selva* de Jack London.

Baba nos había enseñado a Di Di y a mí a forrar los libros con papel nuevo, como si vistiéramos a un niño con ropa elegante y recién comprada. Nos dijo que las rarezas que había estado coleccionando, los que estaban envueltos en papel de arroz y atados con una cinta de seda, estarían a nuestra disposición cuando fuéramos lo suficiente mayores para entenderlos y apreciarlos.

A menudo por la noche, después de cenar, Baba sacaba del estante uno de nuestros libros favoritos, buscaba la página donde nos habíamos quedado la última vez y se acurrucaba en el sofá con nosotros. Al principio Baba nos leía a nosotros y luego, cuando nos hicimos mayores, Di Di y yo nos turnábamos para leer en voz alta. A Di Di le gustaba *La llamada de la selva* y por eso la leímos juntos varias veces. Cada vez que nos encontrábamos con una palabra que no conocíamos, corríamos al escritorio de Baba para consultar el grueso diccionario que había allí encima abierto. Era nuestro ritual familiar.

Mama decía que Baba llevaba en la sangre el amor por los libros, pues descendía de un largo linaje de ratones de biblioteca. Algunos de sus parientes, como mi bisabuelo y mi tío abuelo, pasaron con gran éxito la última fase del sistema de examinación imperial antes de que fuera abolido. Este legado familiar continuó con la generación de mi abuelo. Todos los hermanos, ocho chicos y tres chicas, terminaron la carrera universitaria, lo que era todo un logro en aquella época. Más adelante cada uno de ellos consiguió hacer mella en la historia contemporánea de China.

Siguiendo la tradición de la familia, enviaron a Baba a la escuela con cinco años, donde recibió una gran dosis de clásicos. Su padre, mi Ye Ye, era decano de ingeniería civil en la Universidad de Pekín y aunque lo intentó, no logró que a su hijo mayor le interesara nada más que las humanidades.

Sin embargo, mientras estudiaba en el instituto, la educación de Baba se vio interrumpida por la guerra. Las tropas japonesas habían entrado en Pekín en 1937, cuando Baba tenía sólo siete años. Me contó que no había nada peor que ver a tu país destruido por un conquistador despiadado. Los japoneses ponían carteles por todas partes donde se leía, «NO SE ADMITEN CHINOS NI PERROS». En el colegio él y sus amigos juraron que cuando crecieran, salvarían a China de los agresores.

Así, a los catorce años, Baba se alistó a la resistencia clandestina. Mientras tanto mi Ye Ye enfureció a las autoridades cuando rechazó un puesto lucrativo como protesta contra la corrupción del gobierno. A raíz de aquello, la familia al completo tuvo que marcharse de Pekín para su seguridad y fueron acogidos por las tropas de Mao más al norte, donde mi padre se convirtió en soldado.

Baba no tardó en descubrir que el ejército también valoraba a los ratones de biblioteca. No mucho después de alistarse, le llamaron para que acudiera al despacho del comandante.

–Sé que has asistido al instituto y se te dan bien las palabras –dijo–, y nosotros lo valoramos mucho. Nos gustaría que continuaras tu educación en el ejército.

Por aquel entonces muchas universidades se habían trasladado lejos de las grandes ciudades a causa de la guerra y se habían construido campus provisionales en territorios desocupados. Baba decidió matricularse en el Departamento de Literatura de la Huabei Union College, no muy lejos de donde estaba situada su división. Dos años más tarde, en 1947, terminó la carrera. De inmediato le enviaron a una unidad de artillería en las últimas batallas para una nueva China. En 1949 Baba volvió a Pekín en su tanque, como un miembro orgulloso de las fuerzas liberadoras.

No obstante, el ejército no había olvidado su inversión en Baba y a principios de los años sesenta le nombraron guionista de su estudio cinematográfico. Allí se esperaba que combinara su vida como soldado con su formación de escritor. Este trabajo le permitió a Baba volver una vez más a sus viejos amigos, los libros, en busca de sabiduría y entendimiento. Nunca se cansaba de decirme que el conocimiento y la educación eran tan importantes para una persona como para una nación.

De Baba aprendí a valorar los libros, pero no los llegué a apreciar de verdad hasta un día, en 1968, poco después de volver a casa tras mi estancia en el estudio cinematográfico. Aquel día salí temprano a visitar a mi amiga Wen, a cuyo padre se habían llevado. La pequeña guarida en la parte trasera del patio y sus cuatro hijas, armadas con todo lo que habían encontrado dentro y fuera de la casa (garrotes, piedras, ladrillos partidos y sillas rotas) no habían conseguido protegerle.

Sin otro recurso que su fuerza de voluntad, Wen y sus hermanas habían sido capaces de mantener alejados del escondite de su padre durante horas a los guardias rojos, hasta que llegaron los refuerzos. Entonces el padre, igual de valiente que ellas, se vio obligado a salir y se entregó para proteger a sus hijas. Los guardias rojos al final se llevaron también a la segunda hermana mayor de Wen, con la ropa hecha jirones y las manos y los pies bien atados con cuerdas gruesas. Se había negado a rendirse y amenazaba a todos los que se atrevían a acercarse a ella. Ni las súplicas de su padre ni los golpes de los guardias rojos la detuvieron.

Los guardias rojos arrasaron su casa y nada quedó en pie. Cuando llegué al día siguiente, todavía quedaba en el aire el humo de los libros y los muebles quemados. Nadie lloraba. Nadie parecía asustado. Wen y sus hermanas estaban allí sentadas como guerreras, enfurecidas por su derrota, pero preparadas para luchar de nuevo.

–Ven y quédate en mi casa –le dije a Wen mientras la estiraba de la mano–, al menos durante unos días. –Se me quedó mirando como si estuviera a miles de kilómetros de distancia–. Ven –le volví a pedir.

Parecía asustada y sacudió la cabeza con vehemencia.

–Ve –le rogó Ling, la hermana mayor–. Ve con ella.

Ling me señaló con la cabeza y juntas agarramos a Wen de los brazos, ella empujando y yo estirando, para sacarla de la casa destrozada. En cuanto salimos por la puerta, Wen se derrumbó. La rodeé con mis brazos mientras sollozaba y nos sentamos allí, acurrucadas, hasta que se tranquilizó. Al final estuvo de acuerdo en venir conmigo. Nos cogimos del brazo y caminamos durante dos largas horas por las calles de Pekín hasta que llegamos a mi casa, después de que nuestras lágrimas se secaran por el camino.

Pero cuando abrimos la puerta y entramos, fue como salir de una película de terror para meterse en otra. Había por todos lados muebles rotos, libros despedazados, papeles esparcidos y fragmentos de tocadiscos. Los dos vinilos que más le gustaban a Mama, el vals *El Danubio azul* de Strauss y *Las cuatro estaciones* de Vivaldi, estaban hechos añicos en el suelo, junto con todos nuestros discos. Lao Lao estaba de rodillas intentando recoger los fragmentos, con las manos temblorosas.

Después de que Wen y yo la ayudáramos a levantarse y a sentarse, nos contó lo que había ocurrido. Habían llegado unos soldados con Baba en un camión. Lo habían arrastrado hasta el interior de nuestra casa y se habían puesto a rebuscar en nuestras cosas.

–¿*El Danubio azul*? –dijo uno de ellos mientras cogía el disco fonográfico del plato–. ¿No sabes que se ha prohibido toda la música burguesa? –Y lo destrozó dándole un golpe sobre un banco de madera. Luego rompió un disco tras otro hasta que cientos de trocitos llenaron el suelo.

Otro soldado registró todos nuestros cajones y lo confiscó todo, incluida mi pequeña libreta de ahorros, con treinta yuanes (3,50 euros) anotados. Había tardado más de dos años en ahorrar todo aquello de mi paga mensual de dos yuanes.

Delante de Baba, tiraron al suelo de piedra un libro tras otro. Uno de ellos llegó a una estantería baja, donde Baba guardaba sus rarezas. Los sacó por la cinta de seda y los abrió.

–Por favor –suplicó Baba mientras intentaba liberarse de las manos del guardia–, no toque esos.

El guardia echó hacia atrás los brazos de Baba y se los ató con una cuerda.

Entonces los guardias tiraron todos los libros en unos sacos de cáñamo que sacaron de la parte trasera del camión.

–La fábrica de papel convertirá toda esta basura en pasta en un abrir y cerrar de ojos –anunciaron.

Cuando Lao Lao intentó suplicarles, un soldado la apartó de un empujón. Arrastraron los sacos hasta la puerta y los lanzaron uno tras otro al camión abierto. Luego tiraron a Baba encima de las bolsas repletas y se marcharon dejando una nube de polvo y a mi abuela sumida en el dolor.

Lao Lao se secó los ojos con un pañuelo. Mi amigo Ming y otros vecinos habían venido a ayudar.

–Lleva a Lao Lao a su cuarto, por favor –le dijo a Ming su madre.

Ming y Wen ayudaron a mi abuela a levantarse y la sacaron de allí lentamente.

Con la ayuda de nuestros vecinos, limpié los escombros. Después de que todos se marcharan, cerré la puerta y todas las ventanas, y me senté sobre el suelo frío de piedra con la cara hundida en mis brazos. El sol se estaba poniendo y la oscuridad se arrastraba hacia la casa. Nuestras estanterías ahora estaban desnudas en las sombras, como unos guerreros imponentes, pero derrotados.

Melodía de Mongolia

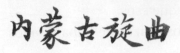

En el verano de 1970, mi prima preferida, Lee, llevaba trabajando ya casi dos años en un pueblo remoto de las montañas, en Mongolia Interior. Hacía poco le habían diagnosticado una enfermedad grave del corazón y pronto regresaría a casa para siempre. Donde vivía no había una asistencia médica adecuada y cuando se enteró de lo que le había pasado a mis padres, me invitó a que la visitara «para alejarme de la ciudad», escribió, «aunque sólo sea durante poco tiempo».

Hasta la fecha habían enviado a muchos adolescentes, tan sólo un poco mayores que yo, lejos, al campo, por orden de Mao. Él creía que los estudiantes y los intelectuales necesitaban ser «reeducados» por los campesinos para que las enseñanzas de la escuela no los pervirtieran. La hermana de Wen, Ling, después de perder la batalla de salvar a su padre, se unió a un gran grupo de estudiantes de secundaria de nuestro instituto que se dirigían a Heilongjiang, que limita con Rusia. Casi nunca escribía a casa y si lo hacía, las cartas siempre eran cortas.

–Significa que está pasando por un mal momento –me dijo Wen con complicidad–, pero no quiere preocupar a mis padres.

Mi prima Lee tampoco escribía con frecuencia.

Me preguntaba cómo sería la vida de Ling y de mi prima, así que acepté la invitación de Lee, compré un billete de tren barato para sentarme en un banco de madera y emprendí un viaje hacia el norte que duraba todo un día.

El paisaje empezó a cambiar rápidamente en cuanto salimos de Pekín y los apartamentos grises de la ciudad dieron paso a los arrozales bien cuidados. Los agricultores con grandes sombreros de paja se agachaban en los campos bajo el sol abrasador. Sólo un tercio de toda la tierra en China es cultivable, por lo que cada centímetro cuadrado cuenta. Conforme pasaban las largas horas, el suelo cada vez estaba más amarillo y había menos árboles que salpicaban el horizonte. Unas colinas onduladas, áridas en su mayoría, aparecieron en la distancia.

Por fin el tren llegó traqueteando a una polvorienta ciudad, un puesto fronterizo importante de Mongolia Interior, Baotou. Salí del vagón, acompañada de una pequeña multitud, con los pies entumecidos de estar tanto tiempo sentada en aquel banco duro. Me alegré de ver a mi prima Lee saludándome desde el andén, era alguien con la que siempre se podía contar.

Lee estaba incluso más alta de lo que recordaba, pero más delgada. Tenía el pelo castaño rojizo, como el color de la tierra, y lo llevaba recogido descuidadamente en dos coletas cortas. Lee había sido la primera de mis primas en cortarse aquellas preciosas trenzas que le llegaban por la cintura, a principios de la Revolución Cultural. Tenía la piel muy clara, los ojos grandes y marrones, y las pestañas largas, como varios parientes de la familia de mi madre. Ahora estaba tan morena como una estatua de bronce y se parecía a los vecinos de la zona. Sólo sus ojos de color marrón claro la delataban.

Detrás de ella había un joven campesino bajito y con los pies descalzos, que sujetaba a un viejo burro con una cuerda.

—Nuestro pueblo está a treinta kilómetros —dijo Lee—, así que hemos traído el único medio de transporte con el que podemos contar en caso de que nuestra invitada de la ciudad no pueda aguantar a pie el largo viaje.

—Me has subestimado. Hoy en día en la escuela realizamos un entrenamiento militar de veinte o treinta kilómetros andando —intenté explicar.

Recordé que mi colegio, cuando estaba abierto, nos organizaba largas marchas con diferentes destinos. A veces nuestra meta era visitar un antiguo emplazamiento revolucionario y escuchar a los vecinos de la zona recordar los buenos tiempos, cuando ayudaban al ejército a luchar contra los japoneses. Otras veces íbamos a ver los pueblos donde algunos de los héroes de Mao habían vivido y muerto.

Poco a poco nuestros pies con ampollas se endurecieron hasta convertirse en «pies de hierro». Para animarnos por el camino, cantábamos alentadoras canciones revolucionarias. Nadie se quejaba. Al menos, nadie se atrevía. Cuando nuestro profesor a la cabeza gritaba, «¿Estáis cansados?», siempre respondíamos al unísono, «No». Y entonces decía, «Es mentira que no estáis cansados, pero vuestro espíritu nunca lo está.» Era un hombre previsible y nosotros unos alumnos previsibles. En aquel momento, en Mongolia Interior, pude poner a prueba una vez más mis dotes de marcha.

Aunque sí hicimos trampas con el equipaje y lo cargamos encima del viejo burro. Si hubiéramos estado en Pekín, nuestros profesores hubieran insistido en que lo cargáramos nosotros como parte de nuestro entrenamiento. En Baotou, decidimos aprovecharnos del burro.

Empezamos a avanzar por el camino de tierra amarilla. Como me había criado en la ciudad, cada vez que veía una cabra o un caballo al borde del camino, soltaba un grito ahogado. De vez en cuando, me paraba a coger margaritas amarillas, unas flores muy resistentes, que conseguían sobrevivir entre las rocas agrietadas. Le puse una a mi prima en el pelo y ella sonrió indulgentemente. Lee sólo tenía tres años más que yo, pero siempre se había comportado como mi tutora adulta. Antes de la Revolución Cultural fue una estudiante destacada en un prestigioso colegio y sobresalía tanto en ciencias como en humanidades. Creía que estaba destinada a algo importante, que llegaría a ser una científica y quizás incluso que ganaría el premio Nobel.

–¿Cómo pasáis aquí el día? –pregunté.

–Pronto lo descubrirás –contestó.

Subimos a una colina por un sendero estrecho. Ya habían pasado varias horas desde que salimos, pero me las apañaba para continuar. El entrenamiento que había recibido en la escuela había merecido la pena. Y también nuestro burro. El joven campesino estuvo muy callado todo el camino y sólo respondía con sí o no a todas mis preguntas.

–Es muy tímido –me aclaró Lee–. Se animará cuando te conozca un poco más. Hagamos un descanso.

Habíamos llegado a la cima de un gran peñasco donde, aunque pareciera mentira, el terreno era bastante llano y hasta estaba cubierto por un poco de hierba. Sabía que el burro necesitaba un descanso, y yo también. Se me estaban cansando las piernas y notaba ampollas en los pies. El joven campesino se estiró sobre la hierba y se cubrió la cara con su sombrero de paja. Miré sus pies descalzos. No cabía duda de que se había entrenado mucho más que yo. Sus pies debían de estar hechos de auténtico acero.

–¿Qué sabes de él? –le pregunté a mi prima y me apoyé en una gran roca.

–Son tres chicos en su familia y ninguno está casado porque son tan pobres que no se pueden permitir tener novia. Los hermanos han acordado que trabajarán juntos para ganar dinero suficiente y que de ese modo, el mayor se case y luego el siguiente. Aquí, si no puedes pagar a una casamentera y ofrecerle bastantes regalos a la familia de la novia, ningún padre te deja casarte con su hija. Ya han pasado dos años desde que los hermanos sellaron el pacto. Sin embargo, ni siquiera han ahorrado dinero suficiente para que se case el hermano mayor. Tiene veinticinco años, demasiados ya para esta sociedad. Le he pagado al hermano pequeño dos yuanes (veinticinco céntimos) para que fuera conmigo a buscarte. Para ellos eso es mucho dinero.

Por fin, a la caída del sol, llegamos al pueblo de Lee, enclavado en mitad de la montaña. Estaba agotada, pero orgullosa de haberlo conseguido por mi propio pie. La gente allí vivía en casas construidas en la roca de la empinada ladera de la colina, donde se estaba fresco y seco en verano, y caliente durante el invierno. No había electricidad ni agua corriente, y las ventanas estaban cubiertas de papel de arroz. La cama, o *kang*, hecha de arcilla, estaba hueca en el centro para mantenerse caliente en invierno gracias al calor del horno que llegaba a través de un tubo que conectaba con la cocina adyacente. En verano se cocinaba en un hornillo al aire libre, en el patio comunitario. Me impresionó el sistema de calefacción natural que ahorraba tanta energía. «Qué campesinos más listos», pensé. Al parecer, teníamos mucho que aprender de ellos, tal y como el presidente Mao nos había dicho.

Mi prima encendió un fuego en la cocina exterior e hizo una deliciosa sopa de pasta de huevo, gracias a las gallinas que criaba, que deambulaban por el patio como reinas orgullosas.

Muchos de sus amigos, todos compañeros de estudios en Pekín, se pasaron por allí para llevarnos regalos: peras, dátiles, boniatos y huevos. También fueron a visitarnos algunos campesinos de la zona. Nadie fue con las manos vacías. Hasta el jefe del pueblo se pasó por allí. A diferencia del resto, iba vestido muy elegante, con una camisa recién comprada, de poliéster blanco. Tenía una manga recogida hacia arriba para mostrar su nuevo reloj resplandeciente. No dijo gran cosa, pero se rió mucho. Me costó un poco entender su dialecto o así lo creí cuando no capté en absoluto su chiste. No obstante, tampoco se rieron los demás.

–No se te ha escapado nada –me dijo Lee con complicidad–. Se considera el rey del pueblo y hasta cierto punto, lo es; tiene nuestro futuro en sus manos. La camisa blanca y el reloj son regalos de un estudiante en su esfuerzo por sobornarle para salir de este pueblo.

La casa de mi prima era austera. Tenía un escritorio destartalado que le servía de mesa de comedor, de pupitre y de banco de trabajo. Había una cajonera en un rincón, el único mueble aparte de los dos bancos y la cama de arcilla. Lee sacó para mí una manta desteñida de un cajón y como estaba cansada por el viaje, me fui a dormir enseguida.

El canto agudo de los gallos de Lee me despertó por la mañana, seguido de las voces de los gallos de nuestros vecinos. Era como estar rodeada de una orquesta de gallos. La manecilla de las horas del viejo despertador del escritorio señalaba las cinco. «A levantarse», pensé. Salí de la cama y fui hacia el patio.

Lee ya estaba levantada. Miré a mi alrededor y vi que salía humo de muchas cocinas.

–Así es como empieza nuestra rutina diaria –dijo.

Las gachas de cebada y el pan de maíz con pepinillos para desayunar era también parte de la rutina diaria. A diferencia de en Pekín, allí no había arroz.

–Deja que te ayude a traer agua del pozo –me ofrecí después del desayuno.

–¿Estás segura de que podrás hacerlo? Hay mucho rato caminando cuesta arriba.

–Ya lo he hecho antes, cuando ayudábamos a los agricultores durante la cosecha –le aseguré.

El pozo estaba a tres kilómetros colina abajo. Todos los habitantes del pueblo, unos cien, iban allí todas las mañanas para llevar agua a casa, con dos cubos grandes equilibrados sobre los hombros. El camino hacia el pozo era fácil, aunque los cubos fueran mucho más grandes que los que había llevado antes. Para lanzar bien el cubo de madera al profundo pozo hacía falta práctica. Había una cuerda atada a una viga de madera sostenida a ambos lados del pozo y el cubo, que colgaba del otro extremo, se tenía que bajar despacio. Si se balanceaba adecuadamente, se inclinaba lo justo para coger agua; pero si, en cambio, se torcía demasiado o se tiraba muy fuerte, el cubo se caía y se hundía. Yo misma había perdido de aquella forma un cubo cuando trataba de ayudar a los agricultores en una de las cosechas. Así que esta vez le pasé el cubo a mi prima, que tenía más experiencia.

Después de que Lee llenara los dos recipientes, los equilibré sobre un largo palo de bambú, mientras intentaba acordarme de cómo había hecho aquello antes. Los cubos de madera parecían mucho más pesados de lo que recordaba y mi equilibrio tampoco era tan bueno como pensaba. Mi prima me conocía bastante bien como para intervenir y caminaba cerca por si acaso. Los primeros metros no fueron mal, pero luego empecé a notar todo el peso del agua. Apreté los dientes y estabilicé el paso. Una chica del pueblo, unos años más joven que yo, pasó por nuestro lado con la misma carga sobre los hombros. Parecía que había salido a dar un paseo. Entonces me mordí el labio y doblé mis esfuerzos. No duré tanto como había esperado antes de que mi prima me obligara a detenerme para coger ella la carga.

–Ya lo has hecho muy bien. Ahorra fuerzas para mañana –dijo.

Después de una cena sencilla a base de pan de maíz y repollo frito, Lee y yo nos relajamos en el banco de madera que había en el patio.

–Me he enterado de lo que ha pasado en Pekín –dijo finalmente–. Ha debido de ser horrible para ti.

Allí sentadas en el tranquilo patio del pueblo, mientras mirábamos cómo las colinas distantes desaparecían en la oscuridad, todas las cosas terribles que habían sucedido durante los cuatros años anteriores pasaron por mi mente, como una película a cámara lenta.

Le conté a Lee cómo los soldados habían registrado nuestra casa y cómo se habían llevado a Baba, le conté que el tío Tang se había colgado de un árbol junto al estudio cinematográfico y que el tío Chen había mantenido la cabeza alta, a pesar de la placa de madera que llevaba alrededor del cuello. También le conté que el director de mi escuela terminó con su vida en el parque de las Colinas Perfumadas y lo que hizo la hija del subdirector con aquel palo. Y le hablé sobre Lan, sobre cómo había ayudado a aquella niña a levantar la mano.

Lee dejó escapar un profundo suspiro.

–También pegaron a nuestro director –dijo– delante de

mis ojos. Aunque yo no fuera la que tenía el palo en la mano, era una de los guardias rojos que apoyaba todo aquello.

Lee, mi dulce prima. La miré sin dar crédito a lo que oía.

–Sé cómo tuvo que sentirse Lan –dijo Lee sin mirarme a los ojos–, con toda esa sangre corriéndole por las venas y el corazón latiéndole muy fuerte. Por aquel entonces yo creía que nuestro director era enemigo de nuestro pueblo y que si le dábamos una lección, estaríamos defendiendo al presidente Mao.

Tras una larga pausa, Lee continuó y bajó la cabeza.

–Ahora, después de vivir tanto tiempo en esta montaña desierta, ya no estoy segura de nada.

A la mañana siguiente me despertó un chaparrón con rayos y truenos. Vi a mi prima de pie enfrente de la ventana con aire de preocupación.

–Una lluvia así era lo peor que podía ocurrir en esta época del año, a tan pocos meses de la cosecha.

–¿Por qué?

–Ya lo verás.

Estuvo lloviendo todo el día con la misma intensidad. Era como si el cielo estuviera furioso y quisiera castigar a la tierra vertiendo todo el agua que pudiera. Por fin, antes de que la oscuridad envolviera el pueblo, la lluvia amainó. En cuanto vimos que estaba despejado, salimos por la puerta.

Las tierras de labranza del pueblo estaban desperdigadas por todos los bancales de montaña y se amoldaban a la forma que ofrecía la pendiente de manera natural. Algunos trozos no eran más grandes que el patio trasero de mi prima.

–La tierra buena aquí está muy valorada –me dijo–. La temporada de crecimiento es corta y los inviernos son largos. El trigo y la cebada son los productos principales. No hay tractores ni cualquier otro tipo de maquinaria, sólo tenemos vacas viejas, arados y las espaldas de los estudiantes y de los mismos agricultores de la zona.

Varios habitantes del pueblo pasaron junto a nosotras montaña arriba, con lágrimas en los ojos. Aceleramos el paso. A medio camino, pendiente abajo, entendí lo que había ocurrido. La lluvia torrencial se había llevado gran parte del campo de cebada.

–Los habitantes del pueblo han estado a merced de la naturaleza desde el principio de los tiempos –dijo Lee–. Todos los años la lluvia se lleva parte de la tierra y a veces incluso arrasa sus casas. Entonces se trasladan a un sitio más alto.

Aquello explicaba por qué había tantas cuevas abandonadas en la parte inferior de la montaña, como un pueblo fantasma.

–¿Por qué no intentas aprovechar el agua, convertirla en electricidad y aplicar tus conocimientos científicos a la agricultura de este lugar? –pregunté–. Se te daba muy bien la ciencia en el colegio.

Mi prima me sonrió con resignación.

–Todos llegamos aquí con esos sueños. Hasta me traje algunos libros conmigo para poder seguir estudiando. Pero pronto reinó la necesidad de supervivencia y el trabajo pesado diario se convirtió en rutina.

–Lo siento –farfullé, avergonzada por mi presunción.

Sólo llevaba allí dos días. Dimos la vuelta y volvimos montaña arriba con el resto de vecinos. Ninguna de las dos medió palabra durante todo el camino.

Conforme nos acercábamos a la casa de Lee, vi una luz titilante que provenía de una lámpara de queroseno; teníamos visita. Un joven alto con una gastada chaqueta azul se levantó para saludarnos.

–Siento haber entrado así, pero la puerta estaba abierta –dijo con una voz suave y profunda.

Mi prima se sonrojó. ¿Por qué no le había visto la primera noche? Debía de ser por el que preguntaba todo el mundo cuando mi prima estaba cocinando fuera. Me gustó enseguida. Era ancho de hombros, estaba bien bronceado y a pesar de su corpulencia, también tenía algo delicado.

La mayoría de estudiantes de aquel pueblo procedían de Pekín, eran parte del primer grupo que salió de las grandes ciudades. Todos se habían ofrecido voluntarios, respondiendo a la llamada del presidente Mao, y estaban impacientes humildemente por que los reeducaran los campesinos. A diferencia de muchos otros, que les siguieron más tarde con menos ganas, este grupo estaba compuesto de verdaderos idealistas.

Lee salió a cocinar otra vez mientras el joven, Peng, avivaba hábilmente las llamas del hornillo. Hablaban en voz baja y de vez en cuando Peng pasaba el brazo por los hombros de Lee.

Durante la cena le pregunté a Peng:

–¿Vas a volver a Pekín con Lee?

Una sonrisa forzada se dibujó en su rostro.

–Mi padre sigue en prisión y mis perspectivas de salir de aquí son remotas.

Pregunta equivocada.

–Peng toca muy bien la flauta –dijo Lee para romper el incómodo silencio que hubo a continuación.

Abrió la cajonera y sacó una bonita flauta de bambú mientras Peng estaba allí de pie sonriéndole. Luego, respiró hondo.

De la flauta salió una dulce y triste melodía, «Liangzhu», una canción popular cuya letra estaba basada en una historia similar a Romeo y Julieta, escrita unos setecientos años antes de que Shakespeare hiciera eternos a su héroe y a su heroína.

Como Romeo y Julieta, Liang Shanbo y Zhu Yingtai se enamoran y juran no casarse con nadie más salvo el uno con el otro. Sin embargo, la familia de Zhu Yingtai la ha prometido a otro hombre sin que ella lo sepa y ya está fijado el día de la boda. Cuando Liang Shanbo oye la triste noticia, sus problemas de salud se agravan y muere antes de que su amada llegue a él. Llena de pena y desesperación, Zhu Yingtai ordena que detengan su silla de boda delante de la tumba de Liang. Una vez allí rompe a llorar por él. Con un estruendo la tumba se abre y la heroína entra antes de que se vuelva a cerrar detrás de ella. Más tarde, dos hermosas mariposas vuelan en círculo sobre la tumba día y noche.

Vi cómo Lee agachaba la cabeza, lejos del resplandor de la lámpara. ¿Estarían también Peng y mi prima condenados a ser unos amantes desgraciados? Me estremecí al pensarlo.

El club de lectura secreto

El Año Nuevo chino era mi día festivo preferido, pero no lo fue en 1970. Aquella víspera de Año Nuevo, Di Di y yo nos sentamos encorvados y medio dormidos en un rincón de nuestro salón, iluminado por una luz tenue. Lao Lao y otros parientes estaban acurrucados alrededor de la estufa y hablaban en voz muy baja. De vez en cuando yo echaba un vistazo por la puerta.

Antes nuestro día de Año Nuevo era una celebración en la que nos dábamos un gran festín. Era un día en el que los miembros de nuestra extensa familia colmaban de regalos a los más ancianos y sobre todo a los más jóvenes. Normalmente compartían con nosotros aquel momento al menos veinte invitados, incluidos parientes, amigos y amigos de amigos. Las mujeres de la familia, con Lao Lao al frente, cocinaban durante todo el día; llenaban nuestra cocina de risitas y carcajadas, y de los aromas del estofado de cerdo, la so-

pa de pollo, el tofu con especias y las jugosas empanadillas,
Di Di y yo, junto con nuestros primos y amigos, salíamos y
entrábamos a hurtadillas de la cocina en un esfuerzo colec-
tivo por probar los manjares antes de que los sirvieran. En
casa de Lao Lao, la mesa del comedor se extendía a lo largo
de todo el salón y se cubría cada centímetro cuadrado con
platos deliciosos. El primer brindis se dedicaba a Lao Lao
para que tuviera buena salud y una larga vida, y a continuación se brindaba en broma con todo el mundo. Después
de cenar, todos le pedíamos a mi tía más joven que cantara
mientras Da Jiu la acompañaba con la flauta. A veces hasta
convencíamos a Lao Lao para que tocara su laúd de bambú.

La víspera de Año Nuevo también era la única época del año en la que se permitía a los niños que estuvieran levantados hasta pasada la medianoche. Vestidos
con nuestras mejores galas, desfilábamos por el vecindario con nuestros faroles rojos, hechos de papel de arroz,
en forma de luna o de estrella. Suspendidos de un palo de
bambú e iluminados con unas velitas en el interior, aquellos faroles titilaban en la noche oscura como la Vía Lác-
tea en la Tierra. Cuando el reloj daba las doce, estallaban
los fuegos artificiales de los barrios de toda la ciudad, que
lanzaban una explosión tras otra de colorido, una cada
vez más alta que la anterior, mientras iluminaban el cielo de Pekín.

Aquel Año Nuevo, sin embargo, no hubo regalos ni petardos en casa, y la comida se redujo al mínimo. Mama todavía estaba confinada en su escuela y a Baba le habían
llevado a un campo de trabajos forzados muy, muy lejos,

en Shanxi, donde el invierno era incluso más crudo que en Pekín. Nuestra familia había perdido la alegría.

Los parientes y los amigos vinieron, pero la conversación era seria y se hablaba en murmullos. Ahora a todo el mundo le afectaba de un modo u otro la Revolución Cultural. Casi todas las familias que conocíamos tenían a alguien en un campo de trabajos forzados. Nadie parecía saber qué iba a suceder. Los rumores sobre los políticamente poderosos y sus vidas privadas, las historias que no recibíamos a través de los canales oficiales del gobierno, se habían convertido en nuestro plato principal y nuestro postre.

En medio de aquella conversación silenciosa se oyó que llamaban con suavidad a la puerta. Lao Lao corrió hasta la ventana y se asomó por el borde de la cortina.

—Es el amigo de tu baba, el tío Lu —dijo y abrió la puerta de par en par.

Di Di y yo volvemos de repente a la vida. ¿Traería noticias de nuestro padre? Mientras Lao Lao le servía una taza humeante de té de jazmín, nos colocamos a su alrededor.

—Habéis crecido mucho los dos —dijo mientras nos miraba de arriba abajo.

Luego, con cuidado, se desabrochó la chaqueta verde de algodón y del interior del bolsillo sacó un sobre plegado. Estaba cerrado. Hasta ahora estábamos acostumbrados a recibir nuestras cartas abiertas para que todos las pudieran leer. Los guardias de seguridad examinaban todas las cartas que entraban y salían del campo de trabajos forzados, por lo que Baba no se molestaba en cerrarlas y así ahorraba pegamento y esfuerzo al ejército.

Esta vez era diferente. Sabíamos que la carta que había sacado en secreto el tío Lu debía de ser importante. Desplegué el grueso sobre marrón oscuro, lo abrí y con cuidado saqué tres hojas de papel fino: era una lista de lecturas.

«Aunque la escuela no os enseñe mucho y se hayan llevado todos vuestros libros –había escrito Baba–, quiero que intentéis educaros vosotros mismos.»

En la lista de Baba había unas dos docenas de libros que iban desde la literatura rusa y británica hasta la americana. Casi todas aquellas obras estaban prohibidas actualmente. Al lado de cada título había indicado dónde encontrarlo. Para Shakespeare, había escrito, «Preguntadle al tío Gu. Tiene las obras de Shakespeare tanto en inglés como en chino. Comparadlas mientras leéis, ya que fueron escritas por el mejor y traducidas también por los mejores.»

«Para Anna Karenina –continuaba Baba– id a ver al tío He. Para Mark Twain, llamad a la tía Liu. Aseguraos de que leéis cada libro con detenimiento y no os deis por vencidos. Sé que podéis hacerlo.»

Bajo la pantalla de una oscura lámpara de mesa, Di Di y yo leímos la carta de Baba una y otra vez antes de pasarla al resto de la familia. Aquel era su regalo de Año Nuevo para nosotros. Al mirar las estanterías vacías, casi podía ver a mi padre revisando su preciada colección, como solía hacer tan a menudo, y sacando con cuidado *La llamada de la selva*, antes de que Di Di y yo nos acurrucáramos a su lado para disfrutar de nuestro pasatiempo familiar favorito, leer juntos.

Al día siguiente fui a ver al tío Gu y volví a casa con una bolsa repleta de obras de Shakespeare, la primera lectura de la larga lista de Baba. Dejé la bolsa en el suelo y me froté un minuto el hombro, que estaba dolorido por llevar tanto peso durante tanto rato. El tío Gu vivía lejos y había tardado una hora en autobús y otra media hora a pie para llegar a su casa.

Coloqué los libros en la estantería tal y como lo solía hacer Baba. Ya casi habían pasado dos años desde que se llevaron nuestra colección. Para mi sorpresa, el espacio vacío parecía incluso más evidente con la presencia de aquellos pocos libros, sobre todo bajo la luz tenue de la lámpara verde de lectura que había sobre el escritorio de mi padre.

Me senté a la mesa y regulé la luz que solía proyectar la larga sombra de Baba en la pared, una sombra que me había reconfortado cuando a veces me despertaba en mitad de la noche y le encontraba todavía enfrascado en sus libros. Ahora, al mirar de nuevo aquella pared, vi una sombra más pequeña, la mía.

No hubo orden ni lógica en mi primer encuentro con Shakespeare. Cogí una de las dos traducciones al chino que me había llevado en la última visita. Dio la casualidad de ser *El rey Lear*. Elegí el camino un poco más fácil y leí primero la versión china. Luego puse al lado el ejemplar inglés y con un dedo índice en cada página, leí despacio el texto original. Era difícil. Aunque había empezado a aprender inglés a los nueve años, la Revolución Cultural había interrumpido mis estudios tres años después. Desde entonces el colegio había funcionado de manera intermitente y el único libro que nos permitían leer en inglés era el *Libro Rojo* de Mao. De Mao a Shakespeare había un gran salto, pero seguí adelante a pesar de la dificultad.

Baba solía decir que acumular conocimiento a veces era como dar de comer a un camello. El camello ingería la comida toda de una vez y luego la almacenaba en su joroba a modo de combustible y energía para el largo viaje que tenía por delante. Puede que el camello tardara días o semanas en digerir lo que había tragado, pero lo que absorbía al final servía como nutrientes esenciales para el cuerpo, el corazón y la mente. Sentí una extraña afinidad con ese rey del desierto mientras trataba de leer la lista de libros de Baba.

Shakespeare se filtró en mi organismo del mismo modo que lo hacían mentes inferiores, mucho menos indigestas, aunque una escena familiar me sobrevino en un momento inesperado. «Decir lo que siento y no lo que debo –anunció Edgar como reflexión final sobre el amor y la traición que experimenta el desafortunado rey Lear–. Los más viejos fueron los que más penaron; jamás podrá el joven vivir ni ver tanto.»

Conforme leía la tragedia del rey Lear, iba distanciándome poco a poco de mi mundo y de mi tiempo para entrar en una época y un lugar remoto, cautivada por la suerte y el sufrimiento del rey, un destino tanto extraño como familiar. La lealtad y la traición, la honradez y el engaño se habían convertido en algo muy reconocible en mi mundo. Aquellos titileos de comprensión, junto al resto de mi material de lectura, los fui alojando rápidamente en un bulto irreconocible, la joroba de mi espalda, para una fecha posterior.

Mark Twain y sus personajes costaban menos. Sentí un extraño vínculo con *Tom Sawyer* y *Huckleberry Finn*. Aquellos personajes adolescentes convertían la adversidad en aventura.

Con su humor irreverente y su corazón respetuoso, Mark Twain me ofreció un pasaporte a la aventura, a la aventura de la mente, que separaba el mundo real del mundo imaginario. En este nuevo mundo me sentía feliz y a salvo.

Por su parte, Di Di había descubierto otra fuente de libros. Me contó que él y sus amigos habían entrado en un almacén cerca de la escuela y allí, en medio de sillas y escritorios viejos, había montones de obras literarias prohibidas. Entre una lista de libros polvorientos dio con *La llamada de la selva*. Miró a su alrededor para asegurarse de que nadie estaba mirando y se lo metió debajo de la chaqueta. ¡Me puse muy contenta cuando trajo aquel viejo amigo a casa!

Más tarde Di Di me contó que había vuelto a entrar a hurtadillas al almacén unas cuantas veces más, hasta que un día el viejo guarda le descubrió.

–¿Qué llevas debajo de la chaqueta? –preguntó.

Di Di le enseñó los libros con vacilación.

–Sólo quería leerlos –dijo–. Hemos perdido todos los nuestros.

El anciano dudó, luego hizo un gesto con la mano y dijo:

–Vete ya. No diré nada de ti esta vez, pero no vuelvas.

Di Di y yo nos volvimos muy reservados respecto a nuestros libros y su origen. No queríamos buscarles problemas a los amigos de Baba, puesto que la literatura extranjera estaba prohibida por el gobierno. Después de exponerlos durante unas pocas horas en la estantería, donde nos recordaban a nuestro padre y a sus libros tan preciados, los saqué a regañadientes para esconderlos debajo de la cama, en unas cajas de zapatoṣ ᵻncías. Ahora sólo los leía en casa con Di Di, detrás de una puerta cerra da. Pero echaba de menos compartir aquel nuevo placer con mi buena amiga Wen.

Para entonces Wen se había alistado en el ejército y la habían destinado a una región montañosa a varios cientos de kilómetros de Pekín, donde no llegaba nada, en especial los libros. La había ido a visitar allí unas cuantas veces. El largo viaje en tren me llevó hasta una remota población en las montañas heladas del nordeste. Wen me contó que a lo largo de la historia tanto los jinetes mongoles como los ejércitos de la dinastía Han habían considerado aquel lugar un importante puesto de avanzada. Allí, oculto entre las profundas colinas, estaba el hospital militar donde había estado trabajando como enfermera.

Su habitación era incluso más pequeña que la nuestra en la escuela de idiomas y tenía una cama individual estrecha, un escritorio de metal minúsculo y un lavabo de porcelana colocado sobre un armazón de acero oxidado. Para ir a la tienda de comestibles más cercana teníamos que esperar al autobús que pasaba sólo dos veces al día. Varias veces a la semana apagaban las luces de los dormitorios para ahorrar electricidad. El único entretenimiento era una película esporádica que proyectaban al aire libre durante el corto verano. La lista de títulos era tan escasa como el dinero en nuestras carteras: el ballet *El destacamento femenino rojo* y las óperas de Pekín *Captura de la montaña Weihu* y *La leyenda del farol rojo*. Las habíamos visto tantísimas veces, que podíamos recitar los versos de memoria.

Le hablé a Wen sobre la lista de libros de Baba en una de mis visitas. Le hizo mucha ilusión.

–Yo también me apunto –dijo–. Me muero por leer algo nuevo y divertido.

–Pero, ¿y si alguien te ve con un libro prohibido? –pregunté.

–No te preocupes. Ya pensaré en algo –respondió.

Confié en ella, Wen siempre estaba llena de buenas ideas. Para evitar llamar la atención de la oficina de correos del ejército, sugirió que embalara el libro con unas cuantas cajas de galletas y que escribiera «comida» en la esquina inferior del paquete. Los carteros solían darle importancia a los paquetes, puesto que muchas familias enviaban comida a sus hijos reclutados para complementar aquella dieta tan pobre. Cuando Wen abriera el paquete, taparía el libro con una cubierta de plástico de un libro de Mao –lo que sería un camuflaje perfecto– y lo leería sólo de noche a la luz de una linterna.

Mark Twain también se convirtió en el autor preferido de Wen. Copió varias historias palabra por palabra y no tardó en sabérselas de memoria. Durante nuestros largos paseos por los parques, cuando Wen venía a visitarme, imitaba a Tom Sawyer mientras blanqueaba la valla de su tía y sus amigos le pedían que les dejara turnarse para realizar aquella tarea a cambio de sus tesoros. Con las manos en el aire y los ojos brillantes, Wen volvió a ser la misma de antes. Desde que habían destruido su casa y los guardias rojos se habían llevado a su padre, Wen se había retraído. Ahora que era una soldado de dieciséis años, caminaba y hablaba como una adulta seria, pero Tom Sawyer la hizo reír como si fuera niña otra vez.

Un día acepté en mi club de lectura secreto a una candidata algo insólita, mi antigua profesora de la escuela elemental, la señorita Chen. La visitaba a menudo en vacaciones. La profesora Chen vivía en un pequeño apartamento de una habitación en el campus de nuestra escuela con su marido, un profesor de chino, y sus dos chicos. Un gran retrato del presidente Mao colgado en la pared completaba la decoración del interior, como lo hacía en la mayoría de hogares chinos. La habitación de los padres servía de dormitorio, salón y comedor improvisado.

Cuando la fui a ver un día, advertí un nuevo mueble en el cuarto de los padres, donde ya quedaba poco espacio. Era una cajonera hecha a mano, situada de manera que formaba un ángulo raro con la cama. Mi cara de desconcierto debió de hacerle gracia a la profesora Chen y me hizo una seña para que entrara en la habitación antes de cerrar la puerta tras de sí.

–Déjame que te enseñe algo –dijo y abrió con cuidado el armario que formaba parte de la cajonera–. He estado escribiendo relatos y obras de teatro –me contó–. Algunas están basadas en cuentos y en mitología, como las que te contaba en tercero y cuarto y que ahora no están permitidas.

Aquello me trajo un recuerdo vívido de la representación de *Caperucita Roja* en su clase. Me acordé de cuando me puse una capa de terciopelo rojo cosida a mano por la profesora Chen.

–Por favor, siga escribiendo. A los niños de hoy en día les encantarán sus historias tanto como a mí –dije.

–Debo tener cuidado de no causar problemas otra vez –dijo con un suspiro–. ¿Recuerdas que me culparon de corromper vuestras mentes con cuentos extranjeros?

Me estremecí al acordarme de los crudos carteles que aparecieron de repente y que ponían en duda su lealtad.

–Con este nuevo mueble puedo empujar el escritorio y cerrar el armario de la cajonera en cuanto oigo que alguien viene para que nadie pueda sospechar –explicó–. Ya sabes que algunas personas irrumpen en tu casa sin avisar –añadió con una sonrisa irónica. Abrió uno de los cajones y sacó un buen montón de manuscritos–. Nunca se los he enseñado a nadie que no fuera de la familia. Pero ahora ya lo sabes.

No sabía muy bien qué decir y entonces me hallé a mí misma confesando:

–Yo también tengo algo que contarle. Desde hace un tiempo estoy leyendo libros prestados por amigos, de una lista que me envió mi baba. La mayoría es literatura clásica extranjera como Shakespeare y Mark Twain. Baba me pidió que lo mantuviera en secreto para evitar problemas.

La profesora Chen me sonrió con complicidad.

–Todavía conservo algunas historias de Mark Twain –dijo–, aunque no tengo mucho más. Están a tu disposición.

Aquel día la profesora Chen se unió al club de lectura. Yo le llevaba libros cuando se los podía prestar y durante mis visitas ella me contestaba con paciencia a todas las preguntas que le hacía.

Poco a poco me fui dando cuenta de que la lista de libros de Baba me ofrecía más que una simple vía de escape divertida. Me había otorgado un nuevo sentido de la orientación y las lecturas habían adoptado un significado propio. En cierto modo, estaba recuperando el control de mi vida. Mi club de lectura secreto, que nunca celebró una reunión oficial, me ayudó a mantener encendida dentro de mí la llama de la educación cuando el resto de mi mundo estaba asediado por la oscuridad.

Hacerse mayor

En 1971, dos años después de que se lo llevaran, por fin liberaron a Baba temporalmente. Un día, a mitad de la tarde, levanté la vista y le vi delante de mí con un uniforme holgado y raído, y la cara pálida y delgada. Sin embargo, los ojos se le iluminaron cuando nos abrazó a Di Di y a mí.

–Me comería una vaca –anunció de buen humor–. Hoy cocinaré yo.

Baba nunca había cocinado, aunque se paseaba por la cocina de vez en cuando para criticar en broma las habilidades culinarias de otras personas. Desde que le habían reducido el sueldo, nuestras comidas se limitaban a un simple repollo día tras día. Pero aquella vez Baba sugirió hacer un estofado de cerdo. ¡Menudo festín! Fuimos al mercado juntos.

No obstante, el mercado de comida del barrio estaba tan vacío como la despensa de nuestra cocina. No había nada en la mayoría de estanterías, tan sólo unos trocitos finos de cerdo, colocados patéticamente sobre el mostrador del carnicero. Hacía falta cupones de carne y dinero para comprarlo. El puesto de verduras parecía igual de pelado con aquellos repollos de invierno, que ocupaban casi todo el espacio, amontonados unos encima de otros, acompañados solamente por media docena de cebolletas. Había muy poca gente en la tienda. Al fin y al cabo, al haber tan poco que comprar era más fácil, había pocas tentaciones. Aun así, cuando nos acercamos al puesto de la carne, me entusiasmé.

–Un kilo de cerdo, por favor –pidió Baba y el carnicero se lo sirvió alegremente.

Era un carnicero con mucha experiencia, una leyenda, según me había contado Lao Lao, famoso por su habilidad con el cuchillo. Con un golpe firme de su herramienta bien afilada, cortó lo que al parecer era un trozo grande de sus existencias limitadas. Marcaba un kilo, ni más ni menos, en su balanza de hierro. El carnicero le dio una calada al cigarrillo que tenía entre los labios todo el rato, apareció una sonrisa lenta, apenas visible, y luego desapareció tan rápido como había surgido.

Cuando volvimos a casa, Lao Lao había ido a visitar a un pariente enfermo, así que Baba se adueñó de la cocina. Yo me convertí en su ayudante y me puse a lavar las cebolletas y a pelar los ajos. Mientras observaba, mi padre cortó con cuidado la carne en trozos pequeños.

–¿Cuándo fue la última vez que comiste carne? –pregunté.

–Bueno, no me acuerdo. Al menos no la he probado en todo este tiempo que he estado fuera.

Baba paró de cortar y me miró.

—Intenté ahorrar algo de dinero para comprarte un edredón grueso de algodón. Pensé que te enviarían al campo, donde hace más frío. Escondí el dinero en la funda de mi almohada, pero un día ya no estaba. No sé quién se lo llevó, ni siquiera pude averiguarlo, pues los guardias hubieran pensado que tramaba algo.

Me miró disculpándose y dijo:

—El dinero con el que he pagado el cerdo es todo lo que me quedaba, pero al menos hoy comeremos bien.

Baba echó jengibre y un manojo de cebolletas al aceite caliente. ¡Paf! La cocina se llenó de un olor acre. Luego, con cuidado, colocó los trozos de cerdo en el wok. Añadió unas cucharaditas de salsa de soja y un poco de azúcar, y después me quedé allí a su lado, contemplando cómo el dulce vapor salía en espiral de la sartén. Me rodeó el hombro con su brazo y noté unos duros callos en su mano.

Cuando Baba llevó un gran cuenco de porcelana a la mesa del comedor, yo ya había puesto en su sitio las cucharas, los palillos y los boles de cerámica con arroz. Después de buscar en todos los armarios, Di Di encontró media botella de vino de arroz, que debía de ser un regalo que había quedado del Año Nuevo anterior.

—Bienvenido a casa, Baba —dijo mi hermano y levantó bien alto su copa de vino.

A Baba se le humedecieron los ojos mientras hacía chocar su copa con las nuestras. Después sonrió.

—Venga, comamos ahora que está caliente.

Cucharada tras cucharada, sirvió la carne jugosa en nuestros boles de arroz.

¡Casi me había olvidado de lo delicioso que llegaba a estar el estofado de cerdo! Antes de darme cuenta, ya había engullido la mitad de mi cuenco; pero cuando levanté la cabeza para volver a mirar a Baba, él aún no había tocado el suyo. Con los codos apoyados sobre la mesa y el cuerpo inclinado hacia nosotros, observaba cómo comíamos mientras sonreía con los ojos.

Baba no hablaba mucho sobre su experiencia en el campo de trabajos forzados, ni en las cartas ni en persona. Algunas de las noticias que oí provenían de sus «compañeros de celda», de amigos que habían compartido habitación con Baba tras el alambrado eléctrico. Una de mis historias favoritas la había contado el tío Lu, el amigo que nos había traído la lista de libros de Baba.

El tío Lu era un actor famoso y en una de sus visitas comenzó a narrar la historia con un aire teatral:

—Era la víspera de Año Nuevo. Estábamos todos bastante deprimidos. La mayoría no había visto a sus familias desde hacía mucho tiempo. Diez de nosotros compartíamos una cueva a modo de habitación, cavada en las profundidades de la montaña. En nuestras cuevas las ratas eran más grandes que los gatos —dijo el tío Lu y extendió las manos para mostrarnos su tamaño.

—El invierno en Shanxi es muy duro. Sólo teníamos unas mantas finas en las camas y una pequeña estufa que apenas funcionaba. Cada día nos obligaban a trabajar fuera, a temperaturas bajo cero, a limpiar pocilgas atravesando el estiércol y el lodo que nos llegaba por la rodilla, y a cavar canales de agua con picos pesados para romper el hielo. Nuestra cena de Año Nuevo fue el mismo repollo podrido y el pan de maíz correoso que nos daban cada día. Doblaban los guardias por miedo a que algunos de nosotros se desesperaran y trataran de escapar. Pero éramos un puñado de veteranos de guerra endurecidos por la lucha. La mayoría se había alistado en el ejército a vuestra edad y había luchado contra los japoneses, y luego contra los nacionalistas. Huir no estaba en nuestra naturaleza. Sin embargo, a veces nos preguntábamos por qué nos perdonaban la vida cuando muchos de nuestros amigos morían en la batalla.

»Algunos ya habíamos estado antes en la cárcel, aunque eran prisiones japonesas y nacionalistas. Supongo que es la ironía más grande. Después de sobrevivir a las cárceles enemigas, con las cabezas bien altas, nos encontrábamos ahora encerrados por nuestro propio pueblo. Antes estábamos preparados y orgullosos de morir en cualquier momento por nuestros ideales, pero aquí, si moríamos, nuestro propio pueblo deshonraría nuestros nombres y a nuestras familias.

»Un día hace unos meses, uno de nuestros amigos murió de repente en el campo. Nos dijeron que se había suicidado, pero todos sabíamos que no había ni la más remota posibilidad de que se hubiera quitado la vida. Aquella noche, los seis, incluido vuestro baba, sellamos un pacto secreto. Nunca nos suicidaríamos bajo ninguna circunstancia. Lucharíamos para vivir, pues creíamos que al final la verdad prevalecería.

El tío Lu volvió a callar. Alargó la mano para agarrar el segundo botón de su uniforme.

–Acordamos que si iban a matar a cualquiera de nosotros –continuó–, el condenado se arrancaría los botones de su uniforme para dar a conocer a los demás la verdad de su muerte.

El tío Lu hizo una pausa, perdido durante un instante en sus propios recuerdos.

–Ah, estoy divagando –dijo con un suspiro y volvió en sí–. Aquella víspera de Año Nuevo no habló nadie. El olor a cigarrillos baratos y los sonidos de las toses congestionadas inundaban nuestra diminuta habitación. Debía de ser casi medianoche. «Es suficiente», dijo tu baba de repente y se levantó. Ya sabes la voz tan suave que tiene, pero aquella noche estaba más serio que de costumbre. «Puede que no podamos elegir cómo morir, pero sí que podemos elegir cómo vivir. No entraremos en el año nuevo con los ánimos por los suelos. Mirad todas estas astillas en el suelo. Intentemos hacer con ellas unas piezas de ajedrez.»

»Levantamos nuestras cabezas. Como un pequeño ejército eficiente, todos cogimos unas cuantas astillas y empezamos a tallarlas con nuestras navajas y aquellas manos viejas. Pronto salieron treinta y dos piezas. Escribimos un carácter en cada una de ellas mientras otro dibujaba un tablero de ajedrez en un trozo grande de papel. Y de ese modo entramos en el año nuevo con buen pie, jugando al ajedrez.

La historia que contó el tío Lu no me sorprendió. Mi baba era así.

Desde que volvió del campo de trabajos forzados traté de no entrometerme en lo que Baba experimentó allí. Sabía que me lo contaría cuando estuviera preparado. Y tenía razón.

Una semana después de su regreso, Baba me dijo de ir a dar un paseo con él. Había un pequeño lago no muy lejos de donde vivíamos. No había nada más salvo una réplica de una pagoda de madera, unos cuantos sauces y una tranquilidad reconfortante. Iba allí a menudo, a veces con amigos y otras veces con Lao Lao. De tanto en tanto Di Di y yo íbamos a pescar, como cuando estábamos en el estudio cinematográfico, aunque nunca atrapábamos nada. Más recientemente, sin embargo, iba sola, pues la serenidad para mí era todo un consuelo.

Baba y yo caminamos despacio alrededor del lago, mientras intentábamos empaparnos de los últimos rayos de sol calientes antes de que la noche se los llevara.

—Tengo algo importante que confiarte —me dijo finalmente.

Entonces supe que no se trataba de un paseo cualquiera.

—¿Te acuerdas del tío He? —preguntó.

El tío He, un amigo de Baba, era un general del ejército. Incluso antes de que se llevaran a Baba, había oído que le habían pegado fuertes palizas, hasta romperle las dos piernas, y le habían encerrado en una de las cárceles de máxima seguridad. Nadie le había vuelto a ver desde entonces y nadie sabía exactamente dónde estaba, ni tan siquiera si estaba vivo. Habían enviado a sus dos hijos a campos de trabajos forzados.

–La mujer del tío He me vino a ver a escondidas la otra noche –continuó Baba–. Estaba desesperada, muy mal de salud, y temía no sólo por su marido sino también por sus hijos. No sabía a dónde dirigirse, hasta los viejos amigos habían fingido no conocerla. Fui a ver a la tía Lin y le tomé prestados doscientos yuanes. Por supuesto, no le dije para quién eran y le di el dinero a la señora He. Este dinero es tuyo, le dije, y no me debes nada.

»Ahora le debo a la tía Lin doscientos yuanes –dijo Baba mirándome a los ojos–. Sabes que lo más seguro es que se me lleven de nuevo y siempre existe la posibilidad de que no vuelva. Eres mi primogénita. Sé que sólo tienes dieciséis años, pero si no consigo volver, dependeré de ti para que pagues la deuda de mi parte. ¿Me prometes que lo harás?

Paré de caminar e incluso de respirar durante unos momentos. Doscientos yuanes era más de la mitad del sueldo de un año para muchas personas de la ciudad. Pero comprendí que Baba contaba conmigo. Levanté la cabeza para mirarle y asentí, sí. Allí, junto al lago, supe que me había hecho mayor.

La momia de Hunan

湖南木乃伊

Volvieron a llevarse a Baba al campo de trabajos forzados y pasó otro año antes de que lo liberaran temporalmente por segunda vez. Durante aquella visita, en la provincia de Hunan, donde habían vivido nuestros antepasados, se hizo un descubrimiento arqueológico que causó sensación.

En la primavera de 1972, mientras se construía un hospital en Changsha, la capital de la provincia de Hunan, los obreros se encontraron por accidente con una gran tumba oculta. En cuanto los arqueólogos llegaron al emplazamiento a toda prisa, desenterraron un sarcófago de cuatro capas. Los ataúdes de madera estaban pintados con unos óleos magistrales, con los colores intactos. El segundo estrato era el más impresionante, representaba una escena celestial con más de cien hadas legendarias y animales flotando en medio de unas nubes blancas.

Rodeado de más de mil tesoros –*zhubo* (tiras de bambú y seda con extraños clásicos antiguos escritos en ellas), un *se* de veinticinco cuerdas (un arpa china antigua), biombos lacados y hierbas raras–, hallaron el cuerpo de una mujer de cincuenta años, del 200 a. C. ¡Una momia de más de dos mil años! Los periódicos informaron de que iba vestida con una seda de las mejores, tan fina como las alas de una cigarra y tan ligera como el vapor. Más tarde descubrieron dos tumbas junto a la suya, más pequeñas pero no menos imponentes.

La gente se preguntaba quién era aquella mujer. Circularon muchos rumores y especulaciones entre nuestra población carente de noticias. «Es un tesoro nacional de nuestra madre patria –fue la declaración oficial–. Esta momia prueba que la tecnología de la China ancestral no era equiparable a ninguna otra en el mundo. Estamos orgullosos de nuestra herencia cultural.» Por supuesto, el documento oficial continuaba; el descubrimiento también demostraba que la clase dirigente había robado al pueblo llano para enriquecerse, incluso después de morir.

Tras este descubrimiento, Baba no tardó en invitar a comer a casa a su amigo, el tío Li. El tío Li era uno de los mejores fotógrafos de China. Le habían pedido que hiciera las fotografías oficiales de la momia de Hunan, como llamaban al cuerpo de la mujer. Había llegado recientemente a Pekín lleno de historias, que no eran oficiales. Yo era todo oídos.

–Han abierto la momia –empezó a contar con impaciencia el tío Li en cuanto llevé a la mesa un gran cuenco de fideos con especias–, le han sacado el corazón, el cerebro y los pulmones, que conservaba tan frescos como si hubiera muerto ayer, y los han puesto en varios botes llenos de un líquido blanco para preservarlos toda la eternidad.

Dejé los palillos, pues había perdido el apetito completamente al visualizar los órganos depositados en tarros grandes.

Pero el tío Li estaba muy entusiasmado.

—¿Os imagináis lo que encontraron en el estómago? —preguntó.

Negué con la cabeza.

—¡Pepitas de melón!

Me quedé perpleja, pero Baba me explicó:

—En aquella época traían a Pekín melones del sur, desde miles de kilómetros de distancia, como tributos al emperador.

»Es cierto —prosiguió el tío Li—, lo que significa que si la momia de Hunan se comió esos melones es que tenía un estatus imperial.

Estaba intrigada, había seguido la historia con bastante detenimiento. La mujer, Xin Zhui, como habían informado los periódicos, era la esposa del marqués Li Cang de Changsha, una prefectura del reino recién unificado de Han. Sin duda tenía una posición social, pero no ese tipo de estatus.

—Bueno —dijo el tío Li con los ojos brillantes como si me estuviera leyendo la mente—, muchos creen que era una de las consortes preferidas de un emperador de Han, que dio a luz a un niño que se convirtió en el heredero del trono. La generosa emperatriz adoptó al bebé, pero ordenó en secreto que mataran a Xin Zhui. El oficial encargado de cumplir la orden se apiadó de Xin Zhui y en vez de matarla, la liberó y le dijo: «Que el cielo te proteja».

Hasta ahí parecía el cuento de Blancanieves que había leído, aunque en versión china.

–La desgraciada vagó varios días sin rumbo junto al río Xiang –continuó el tío Li–, con la muerte en los talones como una sombra. Se escondía detrás de altos juncos, lejos de los ojos suspicaces durante el día, y sólo viajaba de noche. Su deseo de vivir debió de quemarse en ella a fuego vivo, como si fuera eterno, y la mantuvo en pie a pesar de la sed, del hambre y de muchas noches sin estrellas.

»Como dictaba el destino, al final fue rescatada por un granjero de la zona, que la llevó a su casa, la cuidó hasta que recuperó la buena salud y generosamente compartió con ella todo lo que tenía. Como muestra de agradecimiento, Xin Zhui se casó con él y la pareja vivió de los frutos de su trabajo y crió a su propia familia.

El tío Li le dio un sorbo al té de jazmín.

–Pasaron los años –continuó– y finalmente su hijo imperial ascendió al trono. El asesino, que ahora era un anciano, en su lecho de muerte confesó la verdad al joven emperador, que enseguida envió a los guardias imperiales en busca de su madre biológica. No tardaron mucho en localizarla y a continuación hubo una reunión emotiva. Sin embargo, el emperador no podía volver al trono con Xin Zhui como la emperatriz viuda; así que le otorgó al marido granjero el título de marqués y le regaló un terreno considerable. También le prodigó tesoros de su corte a su madre, que incluían seda y melones del sur. Cuando murió, el emperador celebró un entierro imperial de lujo, que completó con todas las cosas más selectas de su reino de Han.

»Han descubierto dos tumbas pequeñas al lado –añadió el tío Li– y creo que pertenecían a su esposo y a su hijo; lo que confirma la historia, dado que las dos tumbas son más pequeñas que la de Xin Zhui. En la China feudal las mujeres nunca podían tener un sepulcro más grande que su marido, a menos que, por supuesto, tuviera algún tipo de relación con el emperador.

El tío Li se reclinó en su asiento cuando acabó aquella historia extraordinaria, mientras yo le servía más fideos con especias en su bol de arroz.

Entonces Baba me sorprendió con la siguiente revelación:

–Según el registro genealógico de Hunan por lo visto Xin Zhui podría ser una antepasada nuestra.

–¿Qué? –me dejó atónita.

–¡No debes decírselo a nadie! –me advirtió Baba–. Ya hemos tenido bastantes problemas con la historia política de nuestra familia sin incluir una antepasada que «robó a los pobres para enriquecerse», tal y como afirma el gobierno.

Pensé en el marido granjero de Xin Zhui. Había sido pobre, ¿no? Tal vez podríamos concentrarnos en su pasado proletario.

Poco después de la visita del tío Li, le ordenaron a Baba que volviera al campo de trabajos forzados. No podía parar de pensar en él y en nuestra antepasada recién descubierta. Si aquella historia era verdad, le agradecí a Xin Zhui que hubiera luchado por sobrevivir; de lo contrario, ninguno de nosotros estaría allí. Pero ahora, Baba también luchaba por su vida.

Como Baba se había ido, el tío Li nos visitaba con frecuencia durante las vacaciones y siempre traía fruta fresca y nuevas historias. Cada vez que venía, le pedía que me llevara con él a su próximo viaje a Hunan.

–Al fin y al cabo, tengo que presentarle mis respetos a mi antepasada.

–Algún día –me decía–, algún día.

El tío Li nunca me llevó allí, pero no me he olvidado de Xin Zhui.

Años más tarde, después de que la exhibieran en el Museo Provincial de Hunan, por fin tuve la oportunidad de hacerle una visita. Era un día gris y lluvioso y el museo estaba casi vacío. Cuando entré en la gran sala de exposición, me hallé sola con mi antepasada de dos mil años.

Con cautela me acerqué a Xin Zhui. Parecía muy pequeña en aquella caja de cristal, envuelta en una tela blanca de la China contemporánea; su vestido de seda claro, deslucido, estaba colocado al lado, en otra vitrina. Parecía que estaba durmiendo profundamente, ajena a todo aquel alboroto que había causado su descubrimiento. Su pelo, más espeso y oscuro que el mío, estaba algo despeinado. Imaginé que en su época ella o sus criadas lo habrían alisado enfrente de un espejo de bronce. Me pregunté cómo hubiera reaccionado si hubiera logrado despertar y se hubiera encontrado de nuevo en la tierra, con su cuerpo expuesto y sus seres queridos desaparecidos.

He oído otras versiones de la historia de Xin Zhui desde aquella tarde, cuando el tío Li nos obsequió a Baba y a mí con su vívido relato. Todas ellas son convincentes y tienen sus propios detalles dramáticos. Pero sigo prefiriendo la versión del tío Li. Para mí es la historia de una vida bien vivida, con aventuras, altos y bajos. Es la historia de una voz que se niega tercamente a ser silenciada y de un alma que, ayudada por la buena fortuna, se reinventa a sí misma en el río Xiang, en una granja común, con un granjero corriente. Trata sobre una mujer que, contra todos los pronósticos, vive para contar su historia.

Creo que Xin Zhui hubiera sido feliz sin su vestido de seda, ligero como una pluma, o sin su relación con el emperador, como cualquiera al que se le hubiera dado una segunda oportunidad en la vida. Veo en Baba un atisbo de ese espíritu indomable y, al estar allí de pie delante de ella, deseé que aquel espíritu fuera lo que nos emparentaba.

Una vida asignada

Una mañana helada, en enero de 1973, me apiñé con mis amigos por última vez en la puerta del colegio. Nuestros profesores, con algunos de los cuales habíamos tenido una relación más estrecha que con nuestros padres durante los últimos años tumultuosos, estaban demasiado emocionados para hablar, mientras estrechaban la mano a todos sus «niños». Unos camiones llenos de polvo entraron y uno a uno fuimos subiendo a ellos. Desde la parte trasera de nuestro camión, me asomé para tratar de agarrarme a mis amigos una última vez, y me sentí entumecida por el frío y la tristeza que albergaba en lo más profundo de mi corazón. A los dieciocho años me enviaban a enfrentarme a una nueva vida, una vida que yo no había elegido.

En nuestra escuela de idiomas las clases se habían suspendido y se habían reanudado alguna que otra vez desde el principio de la Revolución Cultural. En 1971 el centro se transformó en un instituto de formación profesional para profesores de idiomas, una carrera que nos ordenaban estudiar a todos. Para entonces, la mayoría de estudiantes y profesores había vuelto al colegio y las clases se habían reanudado. Tras años sumidos en el caos, casi todos estábamos preparados, incluso impacientes por volver a algún tipo de normalidad. Agradecí que al menos aquella transformación profesional nos hubiera ahorrado el traslado a un pueblo remoto de Mongolia Interior, como le había ocurrido a mi prima Lee. La lista de libros de Baba y mi club de lectura secreto habían reavivado mis ganas de aprender. Por primera vez desde que la Revolución Cultural había comenzado, pensé que había recuperado cierto equilibrio y dirección en mi vida.

En la escuela nos permitieron otra vez leer algunos clásicos aparte de las obras de Mao. Todavía no se proponía a Shakespeare ni a Mark Twain y en su lugar leíamos a Gorky, un amigo fiel de Lenin y un escritor soviético aclamado, que junto con sus compatriotas revolucionarios proporcionó una ligera nutrición como material de lectura obligado.

Pero justo cuando parecía volver la calma a los centros de enseñanza en toda la nación, se hizo pública una evaluación oficial del sistema educativo, iniciada por los miembros de lo que más tarde se conocería como la Banda de los Cuatro, los principales artífices de la Revolución Cultural. Aseguraban que la educación todavía estaba controlada por los intelectuales burgueses. A diferencia de lo que refrendaba el Partido, estos intelectuales fomentaban el individualismo en vez del comunalismo y anteponían la enseñanza con libros a la formación ideológica. Tras la publicación de este fatídico documento, la docencia entró de nuevo en la línea de fuego, y en muchas escuelas de todo el país los estudiantes volvieron a salir de las aulas.

Allí estábamos, los futuros profesores, intentando prepararnos para nuestra nueva misión, mientras una nueva tormenta rugía a nuestro alrededor. Bastantes compañeros de clase, incluida mi mejor amiga Wen, eligieron dejar la escuela para convertirse en soldados. El ejército todavía se tenía en gran estima por el respaldo de su comandante en jefe, el presidente Mao. Al parecer, la nación entera estaba locamente enamorada del uniforme.

Con aquel rostro tenso y enjuto, que parecía no sonreír nunca, Feng, nuestro nuevo director, sólo agravaba el problema.

–El Partido os ha ordenado que os hagáis profesores –nos dijo durante su primera aparición en una reunión–. Cualquier reserva que tengáis prueba vuestro egoísmo. Demuestra que anteponéis vuestros propios intereses al país.

Al venir de una familia de campesinos que había sido pobre durante muchas generaciones, el profesor Feng afirmaba tener unos antecedentes políticos intachables. Siempre llevaba un gran distintivo rojo de Mao prendido de forma perceptible en la parte superior del bolsillo izquierdo de su chaqueta azul raída.

A punto de salir de la adolescencia y tras haber vivido más cambios en la política que en nuestras propias vidas, ya no éramos tan fáciles de manipular. Cada pocos días, un estudiante desaparecía de la clase para alistarse en el ejército y frustrar al profesor Feng. Y tal frustración le motivaba a recurrir a las tácticas que había acumulado durante muchas de sus campañas políticas con éxito.

–Para someter al bandido –nos informó–, se tiene que capturar al cabecilla.

Uno de los «cabecillas» en los que se centró fue Mei, una estudiante de alemán con la voz suave, que era la delegada de su clase.

Una tarde nos llamaron para que asistiéramos a una reunión especial, pero no nos avisaron de qué se trataba. En cuanto todos estuvimos sentados y en silencio, el profesor Feng se puso de pie y subió al podio. Desde aquella posición estratégica, nos examinó de izquierda a derecha, creando suspense mientras miraba a todos los presentes en la sala.

–Tenemos un caso muy triste entre manos –dijo dejando caer cada sílaba con cuidado en el silencio–. La delegada de una clase ha traicionado nuestra confianza al no informar que la empresa donde trabajaba su madre la ha calificado de enemiga fugitiva del pueblo. Y para colmo –continuó el profesor Feng alzando tanto la voz como el dedo–, esta misma persona ha expresado su descontento con la decisión del Partido de convertir nuestra escuela en un centro de formación de profesores. –Hizo una pausa para valorar nuestra reacción y luego preguntó–: ¿Cómo puede un antiguo líder de los estudiantes cometer tales errores?

Mis compañeros de clase y yo nos miramos y nos preguntamos qué ocurriría a continuación. El profesor Feng miró de arriba abajo a la mejor amiga de Mei y le hizo una seña para que se levantara. Con un discurso preparado en la mano, la chica se puso de pie despacio con la cara tensa y pálida. Ahora todo el mundo tenía los ojos clavados en ella. Bajó la cabeza para evitar el contacto visual con cualquiera y recitó con una voz temblorosa los supuestos delitos de Mei. Después de sus palabras, hubo un completo silencio.

Entonces otro estudiante de la clase de Mei se levantó vacilante tras un codazo del profesor Feng. Se quedó allí sin decir nada durante lo que pareció ser una eternidad. Al final, el profesor Feng bajó del podio y caminó hasta él. Con aquel hombre alto a su lado, el alumno acabó farfullando algo y se volvió a sentar enseguida.

Aquello no era más que el principio. A la mañana siguiente aparecieron varios carteles grandes en la clase de Mei que la denunciaban. Me impresionó todo aquel drama, no tanto por la manipulación del profesor Feng, pues a aquellas alturas ya había presenciado muchas maniobras políticas hábiles, sino por la aparente disposición de los amigos de Mei a traicionarla. Una cosa era ver desde cierta distancia cómo los adultos vendían a sus amigos en beneficio político, pero otra bien diferente era ser testigo del mismo comportamiento entre los compañeros de clase y los amigos.

«¿Qué era lo que hacía a una persona reaccionar a la misma amenaza o tentación con valor, mientras que otros lo hacían con miedo y traición?», me pregunté. Aquel incidente me hizo ser más consciente incluso de lo vulnerables que éramos todos.

El ejército cada vez me atraía más, puesto que parecía el único modo de poder evitar el caos en la educación. Cuando Baba regresó para su visita temporal, le pedí que me ayudara a entrar. Pero Baba me dijo que el ejército no me aceptaría debido a sus problemas políticos no resueltos. «Es injusto», grité. Puesto que Baba y Mama se habían alistado en el ejército cuando eran más jóvenes que yo, ¿no debería el ejército tener en consideración nuestro legado familiar?

No parecía posible acceder a una educación superior, lo que yo deseaba con toda mi alma. Lo mismo le sucedió a Di Di. En su colegio al principio estaba incluido en la corta lista de alumnos que irían a la universidad, pero después de que el centro enviara a alguien al estudio cinematográfico para comprobar el estado político actual de Baba, tacharon de la lista el nombre de Di Di. A los dieciséis años le pusieron a trabajar como mecanógrafo en el Ministerio de Telecomunicaciones. Sabía que mi destino no sería diferente.

Y así, de mala gana, me encontré sentada en el gran auditorio, con más de doscientos estudiantes, el día de la graduación. No hubo ceremonia, no nos pusimos birretes ni togas, fue simplemente otra larga charla de nuestro nuevo director sobre la noble profesión en la que estábamos a punto de entrar. Sentada en el banco de madera de aquella sala atestada de gente, pasé el rato jugando al tres en raya con mis amigos también aburridos, mientras esperábamos que decidieran nuestro futuro por nosotros.

Leyeron nuestros nombres uno a uno de una larga lista, junto con los nombres de los centros a los que nos habían asignado. A mí me enviaban a una escuela internacional, no era un mal sitio comparado con los que les había tocado a algunos de mis compañeros, pues tener alumnos extranjeros me garantizaría un ambiente más limpio y un sistema de calefacción que funcionaría bien; a China le importaba mucho la imagen que daba al mundo. A diferencia de nosotros, al menos mis futuros alumnos no tendrían que llevar a clase mitones mientras intentaran tomar apuntes. Nuestra última reunión terminó tan poco ceremoniosa como había empezado y nos fuimos a nuestro dormitorio para hacer las maletas, ya que saldríamos a primera hora del día siguiente.

Una amiga sensata me dijo una vez: «Si tienes que marcharte de un sitio en el que has vivido y te ha encantado, donde tu pasado está bien enterrado, vete enseguida sin entretenerte.» Sin duda había muchas tentaciones allí para retrasar mi salida; al fin y al cabo, había vivido en aquella escuela la mayoría de mis años de formación. Pero el pasado, como mi infancia, habían desaparecido. Hacía mucho tiempo que había dejado de predecir el futuro por miedo a que resultara incluso más decepcionante que todos mis sueños rotos anteriores. Intentaba vivir los días según llegaban.

A la mañana siguiente me invadió una sensación de absoluta irrevocabilidad cuando subí al camión y nos alejamos hacia una bruma gris que envolvía toda la ciudad. Casi podía oler aquel aire húmedo y helado al final de un capítulo de mi vida. Mientras atravesábamos Pekín en dirección a la escuela que me habían asignado, el trayecto a través del bullicio matutino para acortar por la plaza de Tiananmen se me hizo silencioso. Los pájaros debieron de gorjear, pero no cantaban nada que yo oyera. En su lugar, cientos de cosas, de recuerdos de la infancia, atravesaron mi mente.

Pensé en el tío Wang y en Nube Púrpura, nuestra potra adoptada, que juntos me habían enseñado a compartir y me habían mostrado el dolor y la alegría de un ser recién nacido. Pensé en los renacuajos que nadaban en nuestras palanganas de porcelana. También pensé en nuestro antiguo director, en sus gafas hechas añicos y en su nota de suicidio. Y eché de menos a mis amigos. Habían pasado diez años tumultuosos desde que el destino nos había reunido en la escuela de idiomas. Ese día, todos aquellos amigos se dirigían a sus propias escuelas en diferentes lugares de la ciudad, mientras yo iba de camino a la mía.

Nuestro camión giró en silencio y el conductor tocó el claxon con un golpe suave y rítmico como para hacerme volver a la realidad antes de parar definitivamente en la Escuela Internacional. Delante de mí una puerta de madera, pintada de verde fuerte, se abrió despacio a mi nuevo destino.

El Templo del Sol
日壇

Durante los cinco años siguientes, cuando di clases en la Escuela Internacional, paseaba cada día al amanecer por el cercano parque Ritan, el parque del Templo del Sol. Conforme el sol iba ahuyentando las sombras oscuras e iluminando los olmos uno a uno, veía el brillante rocío sobre los pétalos de los claveles rosas y los crisantemos amarillos, y las urracas que volaban de copa en copa en busca de desayuno. Era un rato en el que sentía que el parque me hablaba a través de su silencio, que compartía conmigo sus recuerdos y sus secretos. En aquellos momentos el parque era mío.

Ritan fue en su día un jardín imperial majestuoso. Fue construido después de que designaran Pekín como la capital del imperio Ming, hace unos quinientos años. Dentro del diseño general de la ciudad había cuatro templos imperiales principales, que representaban los signos del zodiaco más importantes: el Sol, la Luna, el Cielo y la Tierra. El Templo del Sol de Ritan, en la parte este de la ciudad, era un reflejo de su parque gemelo en el oeste, Yuetan, el Templo de la Luna.

Era un parque sencillo, como todos los jardines imperiales, pero su simplicidad poseía una poderosa majestuosidad. Los altos olmos y robles que protegían del sol los templos y las aceras habían observado el paso de muchos emperadores y la transformación de las antiguas dinastías en la república actual. Me gustaba tocar aquellos árboles silenciosos, con sus raíces que se extendían en las profundidades de la tierra oscura. Casi podía sentir la vida vibrando a través de sus sólidos troncos. Eran vidas fortalecidas por la soledad y habían visto millones de almas mucho más frágiles y efímeras que las suyas propias.

En el centro de Ritan había un altar de granito blanco. Construido como una superficie llana y abierta encima de nueve tramos de escaleras, el altar estaba vacío, sin adornos bajo el sol. Durante más de cuatrocientos años, los emperadores iban allí a rendir culto al dios del sol durante el equinoccio de primavera. Desde entonces lo habían pisado muchos pies. La plataforma de piedra, colocada entre el cielo y la tierra, recibía a cualquiera con el mismo respeto, tanto a reyes y a reinas como al pueblo llano, y les ofrecía una vista panorámica del parque y, con un poco de imaginación, de parte del zodiaco que representa.

Alrededor del altar había hectáreas de pinos y césped, que habían añadido recientemente. Bajo la sombra de los árboles y detrás de los arbustos bien podados había bancos de madera, que proporcionaban puntos de encuentro ldeales para los jóvenes amantes y lugares adecuados para descansar. Para mí el parque era un refugio y un amigo. También se había convertido en un patio trasero espacioso, un sitio perfecto para reactivar un viejo hábito. En el internado, antes de la Revolución Cultural, todos nos levantábamos cada mañana para repasar las lecciones de idiomas y las leíamos en voz alta mientras paseábamos por el patio de la escuela. Ahora, después de un intervalo de siete años, reanudé aquella costumbre.

De ese modo, cuando el sol salía, unas horas antes de que empezaran mis clases, tomaba el sendero del centro del parque, por el que pasaban los emperadores de camino al altar del sol. Allí, abría mi carpeta de manila y empezaba a leer en voz alta mientras daba un paseo tranquilo. Me inventé mi propio libro de texto con unas hojas sueltas anilladas, llenas de pasajes copiados de mis autores favoritos.

Por el camino me topaba con unos pocos madrugadores, casi siempre los mismos ancianos. Nos saludábamos con un gesto silencioso de la cabeza sin interrumpir nuestro paseo. Algunos se paraban a practicar *taiji* o taichi y sus movimientos armonizaban con el ritmo del día que despertaba.

Una mañana me distrajo un anciano de pelo canoso vestido para hacer *taiji*. Recordaba haberlo visto antes, pero aquel día, mientras practicaba sus ejercicios con su ropa suelta de seda blanca en contraste con un imponente roble de fondo, parecía alguien de otro tiempo. No era una entendida en *taiji*, pero sus movimientos, gráciles y pausados, me llegaron al alma. Le sonreí y él me sonrió también, lo que interrumpió su concentración.

–Lo siento, no pretendía molestarle –empecé a disculparme.

–No me molestas en absoluto. –Volvió a sonreír y continuó hablando en inglés–. Me alegro de que te hayas detenido. He escuchado tus lecturas unas cuantas veces y me gustan. Espero que no te importe.

Parecía que el inglés era su lengua materna.

–¿Es profesor de inglés? –pregunté, sorprendida.

–He dado clases alguna que otra vez, pero antes de jubilarme era editor de inglés en la Commercial Press –contestó–. Parece que haga mucho tiempo de eso.

Un editor. ¡Su inglés debía de ser perfecto! Se me pasó una idea por la cabeza, pero era demasiado tímida para expresarla.

–Vivo cerca del parque. Estás invitada a visitarme y a ver si tengo algún libro que quieras tomar prestado –se ofreció y yo me pregunté si me había leído la mente–. Ven hoy después del trabajo si tienes tiempo –añadió y anotó su dirección en mi carpeta–. Te presentaré a mi familia.

Volvimos a intercambiar sonrisas y nos despedimos de forma tan natural como nos habíamos encontrado.

Siempre he pensado en la delgada línea que separa la casualidad del destino. ¿Existe en realidad después de todo?¿Cómo puede verse alterado el curso de la vida de una persona por un intercambio de sonrisas o por cruzar un par de palabras en un sendero de un parque olvidado por el tiempo? Si no hubiera ido al parque aquella mañana o si nunca me hubieran enviado a la Escuela Internacional, ¿nos hubiéramos conocido? No tenía respuesta. Sólo podía especular.

En cuanto acabaron las clases, fui a llamar a la puerta del editor de inglés con el pelo blanco. Su casa estaba al otro lado del parque, a la sombra de los mismos olmos viejos. Era una finca pequeña con patio, sólida aunque sencilla, el hogar y el refugio de tres generaciones de una familia amable y armoniosa.

El señor Hu, mi nuevo amigo, y su esposa de cincuenta años vivían en la casa del norte. Enfrente de ellos estaba la familia de su hija casada. El matrimonio mayor compartía un cuarto pequeño y un estudio grande, que me recordaba al de casa de mis padres, lleno de estanterías de libros del suelo al techo. Me acerqué a aquellas estanterías en cuanto entré en la sala y pasé los dedos por los nombres que me eran conocidos: Dickens, Shakespeare, Mark Twain, Hemingway y Melville.

Mientras me observaba, el señor Hu dijo:

–Los libros de esta casa están a tu disposición.

Por mi baba sabía que todos los amantes de libros protegían muy bien sus colecciones. El hecho de ofrecérmelos demostraba mucha generosidad. Me llegó al alma y se lo dije. Luego, reuní valor y le pregunté:

–¿Le gustaría aceptarme como alumna?

–Estaba esperando que lo preguntaras –fue la respuesta inesperada. Desvié la mirada hacia su mujer–. Mi marido me ha hablado sobre ti –dijo la señora Hu–, aunque no sabíamos quién eras. Está muy impresionado por tu disciplina y tenacidad, y dice que has debido de estudiar inglés con algunos profesores excelentes.

Me sonrojé y les conté mi corta historia.

–Puesto que no he tenido la oportunidad de continuar mis estudios en la universidad –confesé–, tengo que intentar enseñarme yo misma. Hago todo lo que puedo leyendo en voz alta en el parque y obligándome a memorizar lo que tengo delante.

También admití que tenía una auténtica necesidad de mejorar mi inglés. En la Escuela Internacional, muchos estudiantes eran hijos del personal de las embajadas extranjeras de Pekín. Para algunos, el inglés era su lengua materna, aunque la mayoría de mis alumnos de primer curso todavía no sabían leer ni escribir. Mi contacto con el inglés se había visto interrumpido muchísimas veces por la agitación política. Necesitaba encontrar un modo de mejorar enseguida mi dominio del idioma. Había rezado para volver a tener un profesor que me guiara.

Aquel día el señor Hu y yo acordamos reunirnos todos los viernes por la tarde.

–Escribe una página sobre un tema que tú elijas –dijo– y empezaremos desde ahí.

Me marché con aquellos deberes y atravesé corriendo el parque hacia mi colegio.

Pronto descubrí que no es fácil escribir una redacción coherente en una sola hoja. Rompí muchos folios antes de quedarme por fin con uno y puse en práctica mis técnicas de mecanografía recién adquiridas y la nueva máquina de escribir de la escuela para que cupiera en una página a espacio sencillo. Trataba sobre mi primer baño en el océano.

El señor Hu miró el texto rápidamente en mi segunda visita.

–Voy a ser muy estricto si no tienes inconveniente –dijo–. Marcaré todos los errores de tu escrito, los grandes y los pequeños. Esta vez te devolveré la redacción para que intentes corregir tú misma las faltas. Es la mejor manera de aprender. Pero deja que te enseñe cómo puedes hacerlo.

Saqué mi cuaderno.

El señor Hu continuó:

–Primero, lee el texto para ver si tiene sentido. Luego revisa la gramática antes de seguir con la ortografía y la puntuación. Cada vez que repases una redacción, divide el trabajo y ve punto por punto.

Muy pronto nuestras clases particulares semanales fueron más allá de una simple redacción, pues empezamos a contarnos nuestras vidas; él, la suya tan bien vivida y yo, la que acababa de comenzar. Gracias a aquellas conversaciones descubrí más del señor Hu.

Antes de llegar a Pekín para estudiar en la universidad, se había formado en una escuela misionera en Shanghai, fundada por los baptistas americanos a finales del siglo diecinueve. Era un hombre de talento, con un don tanto para la música como para los idiomas, así que tuvo que elegir en qué se especializaría en la universidad. Al final fue práctico y se decantó por las lenguas. La mujer con la que se acababa de casar le anunció que se había quedado embarazada y el panorama de criar una familia restringió sus opciones de la noche a la mañana. Así que empaquetó sus partituras musicales en una caja grande y se mudó con su mujer y sus escasas posesiones materiales a un apartamento de una habitación que le proporcionó la Commercial Press.

El señor Hu no era un hombre propenso a arrepentirse. Creía que se disfrutaba con cualquier aptitud a través de un proceso de perfeccionamiento; y a él se le daba bien perfeccionar sus habilidades. Se convirtió en editor jefe en mucho menos tiempo que sus iguales, y dejó su nombre y su talento en una lista impresionante de traducciones: desde la Biblia hasta Shakespeare, pasando por Dickens y uno de los diccionarios de chino-inglés más respetados.

Una década más tarde, a principios de los años treinta, cuando por fin trasladó a su familia en aumento a la pequeña finca con patio, se hizo un regalo, un piano vertical de segunda mano. Le quitó el polvo a sus partituras, que se habían desteñido con los años, y sintió que por fin había unido sus dos pasiones.

Cuando empezó la Revolución Cultural, el señor Hu llevaba retirado muchos años. La jubilación le ahorró trabajar en granjas, como obligaron a hacer a la mayoría de sus jóvenes colegas, o perder sus libros en el registro de su casa, pero no le libró de mucho más. Identificaron su antiguo historial de la escuela misionera y le obligaron a escribir confesiones sobre los lavados de cerebro que le habían hecho los americanos. Como no era un hombre inclinado al resentimiento, el señor Hu hacía caso omiso de aquellos recuerdos cada vez que le venían a la mente y siguió adelante con una actitud positiva.

Sobre su gran escritorio y encima de su piano había montones de cajas de zapatos. Un día, muerta de curiosidad, le pregunté para qué servían las cajas, puesto que ocupaban un lugar tan visible en el estudio.

–He estado trabajando en un nuevo diccionario de locuciones en inglés –admitió– y utilizo estas cajas de zapatos para guardar mis notas.

Abrió una caja y me lo enseñó. Apiladas unas encimas de otras, en orden alfabético, había fichas con refranes ingleses en una cara y en chino en la otra. Debía de haber cientos en cada caja. Eran unos apuntes excepcionales.

–Mira este. Es uno de mis preferidos. –El señor Hu cogió una ficha como el niño que enseña su juguete preferido–. *Time and tide wait for no man*[1]. ¡Qué dicho más fantástico! ¿Cómo lo traducirías al chino?

Cuando dudé, le dio la vuelta a la tarjeta y me enseñó su propuesta, que no sólo captaba perfectamente el significado, sino que compartía la misma cadencia.

–Encontrar la mejor traducción es como descubrir un tesoro –dijo y miró ambas caras de la ficha para admirar las dos versiones.

–¿Cuánto tiempo tardará en completar el diccionario?

–Más de veinte años. Quizá puedas ayudarme algún día.

Hice unos cálculos simples de cabeza. El señor Hu ya tenía setenta y cinco años. Tendría que vivir casi veinte más para acabar el diccionario. De algún modo aquella idea me preocupaba más a mí que a él. Desde su punto de vista, era parte del trabajo de su vida, un trabajo que le encantaba. Aquella noche me marché de su casa aún repitiendo para mis adentros, «*Time and tide wait for no man*».

1 . El tiempo no perdona.

Durante otra visita el señor Hu me dijo:

–Escribir es como componer. Normalmente hay un principio, una transición, una recapitulación y un final. –Se sentó al piano y me lo demostró–. Empieza con tu redacción desde la primera línea, como si estuvieras definiendo el tono y la melodía de una pieza de música. Tienes que ser capaz de atraer la atención del oyente con una buena apertura; de lo contrario, algunas personas no tendrán paciencia para continuar. Luego pasa suavemente al siguiente nivel. Con la práctica, encontrarás tu ritmo. La recapitulación es como repetir la primera afirmación, salvo que con más complejidad y refinamiento, y el final tiene que ser como un estallido, corto pero efectivo.

Durante cinco años, todos los viernes, corría con impaciencia a la casa de mi profesor particular, deseando sentarme con el señor Hu bajo la tenue luz de su estudio mientras su esposa nos servía el té. Mi baba había vuelto de nuevo al campo de trabajos forzados. Aunque dejaron a Mama regresar a casa, ya no era decana de los estudiantes. Lao Lao se esforzaba mucho por llegar a final de mes, pero incluso su jardín, mi lugar preferido de la infancia, parecía desierto, pues la familia ya no se reunía allí desde hacía años. Yo había decidido alojarme en la escuela para evitar el largo trayecto de todos los días. Era triste volver a casa.

El afecto y la paz que me transmitían el señor Hu me hicieron sentir en casa otra vez. Allí, los guardianes familiares del hogar, los montones de libros, nos hacían compañía pacientemente. En casa del señor Hu volví a tener la libertad de echar un vistazo a aquellos viejos y nuevos «amigos», y de elegir un ejemplar especial para llevarme conmigo.

Como Baba, mi profesor hablaba con una voz tranquilizadora, preparada para tratar cualquier tema de mi elección. Sentí que adoptaba el papel de mi padre en su ausencia, que me guiaba en la búsqueda de una educación cuando me negaron unos estudios. Disfruté siendo profesora y alumna al mismo tiempo. Durante el día estaba detrás del podio ayudando a mis jóvenes aprendices a madurar y a aprender. Por las noches me convertía en una ansiosa estudiante, abstraída en un mundo mágico de conocimiento que se me había revelado gracias a la generosidad de aquel hombre tan amable.

El parque Ritan me proporcionó un refugio físico de paz y tranquilidad. El señor Hu y su familia me ofrecieron otro santuario, el santuario de la educación. Bajo aquel resguardo, por fin me dieron un mapa de carreteras con las rutas pintorescas señaladas que antes estaban ocultas a mis ojos. Cada vez que una de mis redacciones pasaba por la corrección profesional del señor Hu, notaba un aumento en la apreciación de la belleza del idioma y una comprensión más profunda del significado de las palabras.

En mis clases particulares me sentía otra vez viva, con una misión y un sentido de la orientación. ¿Fue la casualidad? ¿El destino? No lo sé ni me importa. Lo único que quería era asimilar todas las palabras que decía y todos los consejos que me daba. Estaba preparada.

El despertar

El año 1976 empezó y acabó como una larga historia trágica. Cuando por fin cayó el telón, lo hizo sobre las vidas de los participantes más dramáticos del escenario de la China del siglo veinte: el presidente Mao Zedong, el primer ministro Zhou Enlai y el mariscal Zhu De. Durante casi un siglo, estas poderosas figuras dominaron el panorama chino y cambiaron para siempre la historia del país. Ese año fatídico se me grabó en la memoria como una gran sacudida. Cuando terminó, me sentí como si hubiera vivido varias vidas llenas de acontecimientos inesperados, de los cuales todos causaron gran conmoción y fueron muy tristes.

El 8 de enero, en pleno invierno, me levanté temprano después de pasar una noche cálida y acogedora en casa de mi tía más joven. Fuera de su apartamento en el quinto piso, al otro lado de las ventanas, heladas por el viento glacial, acababa de amanecer. A regañadientes, cerré la puerta y me abroché el botón de arriba de mi abrigo azul oscuro. Me tapé gran parte de la cara con un chal de lana amarillo y me preparé para el frío penetrante. Gracias a Dios no tuve que esperar mucho rato en la estación antes de que el autobús doblara la esquina y se dirigiera hacia mí. Me uní a los madrugadores que subían los peldaños de aquel autobús gris, luego me senté en un asiento cerca de la puerta y cerré los ojos para intentar aprovechar el trayecto de una hora.

Mientras me iba quedando dormida, me despertó el zumbido del radiotransmisor de un pasajero. Molesta por el ruido, me cambié de sitio. Pero una música lenta y profunda me llamó la atención. Era música de funeral. ¿Quién se había muerto?

–Nuestro querido primer ministro Zhou Enlai falleció anoche de un cáncer avanzado –dijo la voz sombría del locutor.

Me quedé paralizada en mi asiento. Nadie en el autobús dijo una palabra hasta que los sollozos reprimidos de una anciana que estaba dos asientos detrás de mí rompieron el oscuro silencio. Entonces el delgado cuerpo de la joven que estaba a mi lado empezó a agitarse sin control y un hombre mayor con un abrigo negro desteñido hundió la cabeza entre sus brazos y empezó a llorar. Me tapé la boca con las manos, como si la muerte hubiera invadido también mi cuerpo.

Me sentí asfixiada por la intensa tristeza a mi alrededor y me bajé antes de mi parada habitual para tratar de aclarar mis ideas atajando por el parque Ritan. A juzgar por lo tranquilas que caminaban y lo seguras que pedaleaban aquellas personas, la mayoría no había oído las noticias. El cielo estaba teñido de un gris penetrante y los sicómoros que bordeaban la zona de la embajada, con sus ramas peladas por el despiadado invierno, parecían no tener vida. Me apresuré hacia el templo, mi fiel refugio, para pensar, para calmarme, para respirar.

La muerte del primer ministro Zhou me alcanzó un sitio en lo más profundo de mi corazón que llevaba apagado durante los diez años anteriores de continuas luchas políticas internas. La Revolución Cultural, supuestamente iniciada para romper el antiguo régimen, había destruido el orden a su paso. El registro de víctimas parecía una lista de personas importantes de la China moderna.

En primer lugar estaba Liu Shaoqi, el expresidente de la República Popular y la mano derecha de Mao, que había muerto solo, tras años de humillación pública y torturas físicas. Estaba el poeta guerrero, el mariscal Chen Yi, el segundo ministro de Asuntos Exteriores de la República, silenciado por el dolor del cáncer y el corazón roto mientras estaba en cautiverio. Otro de los diez mariscales, el extravagante He Long, murió de una presunta sobredosis de insulina en el hospital militar, con el corazón parado, pero los ojos abiertos. Incluso el sucesor cuidadosamente seleccionado por Mao, el mariscal Lin Biao, que se había convertido en la sombra fiel del presidente durante los últimos diez años, siempre con el *Libro Rojo* de Mao en la mano y una sonrisa de Mona Lisa en la cara, murió en un accidente de avión en el frío desierto de Mongolia Exterior, después de un supuesto golpe fallido para usurpar la presidencia antes de que le tocara.

Como una constelación de estrellas fugaces, los héroes de la República Popular cayeron uno detrás de otro. En este país donde se idolatraba a los héroes, Zhou había sido nuestra última esperanza. Para mí representaba una voz racional en un mundo irracional, un pilar de fuerza aislado en un coliseo que se derrumbaba. Después de que Mao, el héroe de todos los héroes, socavara su propio estrellato con el fracaso inevitable de la Revolución Cultural, la mayoría de sus antiguos devotos, incluida yo, había depositado su fe en Zhou. Gracias a la dignidad y a la elegancia que había demostrado como primer ministro, se había ganado el respeto de muchas naciones.

Mientras paseaba, el Templo del Sol, como siempre, me ayudó a aclararme las ideas. Cuando llegué al colegio, todavía estaba medio dormido. Por lo general, me encantaba aquella tranquilidad, pero aquel día me senté ante mi escritorio con los apuntes de clase delante, incapaz de hacer nada. Hong, una amiga íntima y compañera de trabajo, fue la primera que me acompañó, con los ojos hinchados. En la siguiente media hora, llegaron más profesores y nos consolamos unos a otros con la tristeza que compartíamos.

–Organicemos una celebración conmemorativa –propuso finalmente alguien y rompió el silencio.

–No estoy segura de si está permitido –respondió nuestra directora–. La policía acaba de notificarnos que deberían evitarse las muestras de dolor, sobre todo en sitios donde haya extranjeros.

Habían asignado un oficial de seguridad del Departamento de Policía, una persona a la que todos considerábamos un cordero con piel de lobo. Todos los días daba unas cuantas vueltas por el colegio y hablaba con los profesores y otros empleados. Los embotellamientos que se produjeron en la entrada del centro fueron lo peor a lo que tuvo que enfrentarse. Sin embargo, más adelante el cordero se convirtió en un lobo de verdad. La sonrisa que siempre llevaba en la cara desapareció cuando entró en los despachos para informarnos de las nuevas instrucciones de su jefe.

–No habrá manifestaciones públicas ni reuniones –anunció.

–¿Y qué hará si tenemos una? –le provocó uno de los profesores jóvenes.

La respuesta fue simple.

–Te arrestaré –dijo bruscamente.

El día pasó llenó de tensión y confusión. Después de clase, un grupo nos reunimos para tratar de encontrar una solución.

–He oído que han puesto flores y coronas en la plaza de Tiananmen –dijo Tan, una profesora de francés–. La gente está desobedeciendo las órdenes del gobierno en memoria de Zhou.

Fuimos a buscar nuestras bicicletas. La plaza de Tiananmen estaba a tan sólo media hora. Conforme nos íbamos acercando, cada vez había más gente en el camino. Miré al Monumento a los Héroes del Pueblo, que se erigía cinco pisos en el centro de la plaza, y vi que habían colocado más de una docena de coronas por toda la verja. Alguien había puesto un casete delante y la música de funeral llenaba la plaza.

–¿Por qué nos ha dejado, primer ministro Zhou? –preguntó un hombre con el pelo blanco mientras se golpeaba en el pecho–. ¿Qué haremos sin usted?

Su voz no tardó en perder intensidad por los sollozos cada vez más fuertes que le rodeaban.

–Tenemos que hacer algo en el colegio –dijo Hong–. ¿Qué hay de malo en hacer una celebración en su memoria? ¿Acaso es ilegal?

Dejé de intentar dormir aquella noche y a las cinco de la madrugada fui corriendo a mi despacho. Hong y Tan llegaron poco después con los ojos hinchados.

–Hay más flores y más coronas en la plaza de Tiananmen –informó Hong.

–Y algunas personas también han colgado poemas y otros escritos en las coronas –dijo Tan–. Vamos a ver a la directora para pedirle una conmemoración.

Las tres doblamos el ritmo de nuestro paso por los dos tramos de escaleras que subían hacia la habitación de la directora. Aquella mujer por lo general tenía buena presencia; a sus cincuenta y tantos años, poseía un aspecto juvenil y vestía con chaquetas de lana buena hechas a medida, unos pantalones planchados profesionalmente y unas botas lustrosas. Siempre destacaba entre la multitud. Aquel día, cuando nos abrió la puerta, me impresionó encontrarme con una mujer que parecía una anciana.

–No tengo autoridad para daros permiso –dijo–, pero creedme, estoy con vosotras.

–Muy bien, pues diremos que lo hicimos sin su permiso –dijo Hong.

La directora parecía contrariada. Nosotras, en cambio, estábamos totalmente decididas.

–Recuerdo haber visto el retrato del primer ministro Zhou en casa de mis padres –dije–. Iré a buscarlo.

Cuando regresé con la foto en blanco y negro, Hong y Tan ya habían reunido a otros partidarios y estaban ocupadas arreglando una clase para la ocasión. Coloqué la foto de Zhou sobre el podio del profesor y otro compañero puso delante una flor de papel blanca, hecha a mano. Nadie dirigía la situación, pero nuestro grupo trabajaba con eficiencia. El aula no tardó en estar lista.

–Hemos avisado a todos para que estén aquí a las seis en punto de esta tarde –dijo Hong.

Asentimos y luego nos marchamos.

La celebración conmemorativa estaba abarrotada de gente cuando por fin pude librarme de mis alumnos. Contemplé la sala y vi tristeza, despecho, pérdida y dolor.

–Nos hemos reunido aquí por nuestra propia cuenta para recordar a nuestro querido primer ministro –dijo Hong–. Comencemos.

Entonces se sentó, incapaz de pronunciar otra palabra.

Tan se levantó y caminó hasta el podio, donde sacó un trocito de papel, que empezó a leer:

–Primer ministro Zhou, todavía está con nosotros. Basta con escuchar las voces aquí y en la plaza de Tiananmen...

Varios profesores más se levantaron y leyeron redacciones y poemas escritos para la ocasión. Sentí que se aligeraba mi corazón con aquel desahogo emocional. El oficial de seguridad apareció al final de la ceremonia, pero permaneció en silencio.

Si alguien se había callado en enero, cuando falleció Zhou, en abril ya estaban todos preparados para que oyeran sus voces. El 5 de abril, en Qing Ming, el Día del Memorial Chino, miles de personas fueron a la plaza de Tiananmen. Muchas llevaron coronas hechas con flores frescas; otras colgaron sus poemas y redacciones por toda la verja del monumento. Se colocó en el centro una foto en blanco y negro del primer ministro Zhou, como para que fuera testigo de aquella ocasión sin precedentes. No nos detuvo ni la presencia de la policía ni las amenazas del gobierno de sancionarnos y encarcelarnos.

China se estaba despertando poco a poco. Aquel largo sueño había entorpecido su mente y entumecido sus miembros, pero no le había robado el espíritu. Más de un millón de personas de todo el país se reunieron aquel día en la plaza de Tiananmen en memoria del primer ministro Zhou. Como las escenas grabadas en relieve sobre el mármol del monumento, donde a la caída de un héroe le seguía el ascenso de otro, aquel día China vio millones de héroes alzados después de uno caído. Aquellos que rodeaban el monumento se dieron cuenta de que, en vez de adorar a los héroes, tenían que convertirse en ellos. Miré a mi alrededor y experimenté el mismo orgullo que había sentido de niña al caminar por aquella avenida principal y, al igual que los demás presentes en la plaza, una vez más alcé la cabeza bien alto.

Entonces, en julio, un terremoto arrasó la población minera de Tangshan, a unos ciento treinta kilómetros de Pekín. Me desperté por los temblores y corrí a reunirme con los demás en el patio. El resto de la noche transcurrió en relativa paz hasta que varias réplicas y las noticias alarmantes de los heridos llegaron aquella mañana calurosa de verano. La mayoría de residentes de Pekín enseguida sacaron sus camas a las calles y montaron refugios provisionales a una distancia segura de los edificios.

Mi di di, un mensajero con motocicleta del Ministerio de Telecomunicaciones, fue a buscar a casa víveres y mantas. Luego se dirigió él solo a Tangshan para ayudar de forma voluntaria. Lo que presenció allí fue desgarrador. No había quedado en pie ni un edificio de la ciudad. Muchos de los cuerpos aplastados bajo el suelo de cemento quedaban a la vista en las calles. Incluso en algunas zonas de Pekín, las construcciones antiguas se derrumbaron durante las múltiples réplicas.

–Nos están castigando por algo este año –decía la gente.

El castigo no terminó con la muerte de Zhou o el terremoto. No habían pasado ni dos meses tras la tragedia de Tangshan, cuando el mismo presidente Mao falleció. Durante más de medio siglo había dominado la conciencia china, por lo que las reacciones ante su muerte fueron muy variadas. Para muchos de nosotros, que contemplábamos los pedazos rotos de nuestras vidas, la confianza incuestionable en aquella figura endiosada había desaparecido. Algunas personas transformaron su fe en odio. Otros se sintieron perdidos, mientras muchos simplemente quedaron postergados en una incredulidad bloqueada. A diferencia del día en que murió el primer ministro Zhou, no derramé lágrimas por Mao. Pero todos estábamos de acuerdo en que el fallecimiento del presidente Mao marcaba el final de una era.

Un día, un mes tras la desaparición de Mao, Tan me llevó a un lado.

–Han arrestado a la Banda de los Cuatro –susurró. Sus padres, antiguos colegas del primer ministro Zhou, le habían transmitido la noticia–. Se lo voy a decir a Hong.

–Ten cuidado –le advertí–. No se ha hecho público.

Luego fui a casa para comunicar a mi familia la noticia inesperada. Sin embargo, antes del anochecer, oí que llamaban a mi puerta con impaciencia. Era Hong.

–Han arrestado a Tan.

–¿La han arrestado? ¿Cuándo? –me quedé atónita–. ¿Quién la ha traicionado?

–Ha debido de ser la directora –contestó Hong–. Quizá oyó nuestra conversación sobre la Banda de los Cuatro.

–Tenemos que llamar a los padres de Tan para avisarlos –dije.

Marqué el número de teléfono, pero no respondió nadie.

Pasé otra noche sin poder dormir, preocupada por Tan. Pero a la mañana siguiente difundieron la noticia del arresto de la Banda de los Cuatro y pusieron en libertad a Tan. No obstante, el estado de ánimo de los profesores pasó de la impresión a la ira; estábamos enfadados con la directora.

–Es hora de que le demos una clase de traición –dijeron muchos–. ¿Y si el arresto de la Banda de los Cuatro no hubiera sido más que un rumor? Entonces Tan hubiera tenido serios problemas.

Corrí directa al despacho de la directora. En el pasado la había considerado una amiga; siempre me animaba a estudiar y me había contado historias sobre el sufrimiento de su familia durante la Revolución Cultural. ¿Cómo podía haber traicionado a una de sus profesoras?

–¿Por qué le ha hecho esto a Tan? –pregunté.

Rompió a llorar en cuanto empecé a hacerle preguntas.

–Estaba en la lista de vigilados de la policía y me ordenaron que informara de todos sus movimientos.

–¿Cómo pudo hacerlo? ¡Su familia también sufrió!

–Desde luego que mi familia sufrió –dijo con la cabeza gacha–, pero no tenía opción como directora de un colegio bajo la mirada atenta del Departamento de Policía.

Sabía que estaba diciendo la verdad, pero todavía estaba enfadada.

Cuando fui a la cafetería a mediodía, vi por todas partes carteles que exigían su dimisión. Fue como volver a vivir la Revolución Cultural. Varios profesores convocaron una reunión aquella misma tarde para plantarle cara. Yo asistí, pero permanecí callada. La directora sin duda se había equivocado, pero el tono de algunos docentes me recordó a los guardias rojos de mi instituto; estaban sedientos de sangre.

Poco después del incidente, trasladaron a la directora a otro colegio. Me quedé detrás de la ventana de mi despacho mientras observaba cómo desaparecía detrás de las paredes, pensaba en todo lo que había sucedido y discrepaba sobre su destino.

Nunca más volví a vivir un año como 1976 y nunca se me había pasado por la mente, ni en mis sueños más descabellados, que aquel año lleno de acontecimientos se convertiría en un momento crucial de mi vida.

Un momento crucial

En los diez años anteriores, a menudo me sentía como un marinero encallado en aguas poco profundas, que día tras día esperaba que la marea subiera y el viento soplara. Mientras tanto había arreglado mi barco y había estudiado las cartas de navegación para asegurarme de estar preparada cuando llegara mi oportunidad.

Entonces cambió el viento. En 1977, por primera vez en diez años, se dispuso un nuevo sistema nacional de examen para acceder a la universidad. Durante la Revolución Cultural, los únicos alumnos que admitían eran los candidatos que provenían de la clase trabajadora, limitada a los empleados de las fábricas, los granjeros y los soldados; por lo que la mayoría de mis amigos y yo fuimos inmediatamente calificados como no aptos. Ahora que iba a cumplir los veintitrés años, la edad límite para escoger centro, elegiría el Instituto de Lenguas Extranjeras de Pekín. No había tiempo que perder. Presenté mi solicitud como estudiante de inglés.

Para solicitar la plaza, tenía que pasar unos exámenes de acceso de chino, geografía e historia, inglés, matemáticas y política. Para mí el inglés sería fácil y también el chino. Me haría falta darle un repaso a geografía e historia. En cuanto a política, la asignatura más aburrida de todas, la dejé para el final. Matemáticas era mi gran reto. Casi toda mi formación matemática se había interrumpido en quinto curso y ahora que nos enfrentábamos a los exámenes de acceso a la universidad, el nivel de primaria desde luego no era suficiente. ¿Cómo me iba a preparar a tiempo?

Vinieron a mi rescate dos profesores de matemáticas de la Escuela Internacional. Se ofrecieron voluntarios para darnos clase a mí y a otros cuatro candidatos de nuestro centro. Memorizamos tantos cálculos y fórmulas como nos fue posible.

Los pocos meses que quedaron los aprovechamos estudiando al máximo y tenía ocupados todos los minutos del día. Me daba la impresión de que había vivido todos esos años para aquel momento, el momento decisivo. Como el corredor de una maratón con la línea de meta a la vista, clavé los ojos en la delgada línea que separaba mi pasado de mi futuro.

En diciembre de 1977 llegó el primer día de exámenes. La sala donde iban a realizarse estaba a unos kilómetros de distancia. Varios profesores nos acompañaron hasta el final de la calle para animarnos. Después, listos para la batalla, montamos en nuestras bicicletas en dirección a nuestro destino.

La prueba de política fue la primera. Aguanté las tres horas sin levantar la cabeza. Cuando por fin salimos del aula, nos aguardaban con impaciencia tres de nuestros compañeros, que nos acompañaron de vuelta al colegio. Allí nos esperaban caramelos, fruta, té caliente y muchos amigos, como si recibieran a los soldados que regresaban del frente de batalla. Los siguientes días pasaron con mayor intensidad y cansancio mientras me esforzaba en el resto de exámenes, incluida la temida prueba de matemáticas, y a continuación sufrí lo que pareció ser la mayor espera de mi vida.

Entonces, por fin, llegaron buenas noticias. ¡Los cinco estábamos dentro! Me habían concedido mi primera opción, el Instituto de Lenguas Extranjeras.

Cuando le di la noticia al señor Hu, se puso tan contento que inmediatamente le pidió a su mujer que preparara una gran comida para celebrarlo y luego pasó el resto de la tarde tocando el piano para mí. Nunca le había visto tan feliz. Antes de marcharme, me entregó su preciado ejemplar de *The Oxford English Dictionary*. Estaba desgastado por los años de uso cuidadoso y en la portada había escrito con una bonita caligrafía, «Para mi joven amiga, con respeto.»

Al día siguiente, Hong, mi amiga de la Escuela Internacional, insistió en llevarme al único restaurante de lujo «occidental» en Pekín, el restaurante Moscú, para celebrarlo. Sentada bajo aquel techo alto, decorado con lámparas de cristal, mientras miraba el lino blanco almidonado que cubría la mesa, me sentí como si participara en una coronación privada. Cuando alzamos las copas para brindar por la ocasión, advertí la presencia de dos jóvenes junto a nosotras. Estaban sentados en una mesa grande, llena de platos caros, pero no habían probado bocado.

Animada por la curiosidad, les saludé, les presenté a Hong y después pregunté:

–¿Va todo bien?

–La verdad es que no –contestó uno de ellos y suspiró–. No hemos conseguido entrar en ninguna universidad.

Hong y yo nos sentamos en su mesa. Poco a poco nos fueron contando su historia.

–Durante los últimos cinco años hemos estado trabajando como animales en una granja, día tras día. Cuando anunciaron el nuevo sistema de acceso a la universidad, estudiamos todas las noches bajo la luz de las lámparas de queroseno para intentar ponernos al día. Pero estábamos muy atrasados. Puesto que nos falta poco para los treinta años, hemos perdido nuestra última oportunidad de estudiar una carrera. Volvimos a Pekín para pedir a algunas escuelas que nos repitieran el examen, aunque en el fondo sabíamos que no sería posible. Esta es nuestra «última cena». Somos un fracaso.

Hong y yo hicimos lo que pudimos por consolarlos, pero apenas probamos la comida rusa. Cuando salí del restaurante Moscú, había perdido cualquier sentimiento de autocomplacencia y había obtenido un nuevo sentido de la humildad. Juré estudiar mucho en la universidad por mí misma y también por ellos dos.

Por fin llegó mi primer día de clase. Aquella mañana me levanté más temprano que de costumbre. Lao Lao ya había estado en la cocina para prepararme el desayuno. Sobre la mesa del comedor había huevos fritos, empanadillas, repollo en vinagre, gachas humeantes y pan recién hecho.

–¿Quién más viene a desayunar? –bromeé y la rodeé con mis brazos.

Después del desayuno, me puse mi chaqueta granate favorita, que Lao Lao había lavado a mano y planchado la noche anterior, y me monté en la bicicleta con muchas ganas de recorrer el largo trayecto hasta la universidad. En aquel día de 1978, a principios de primavera, el cielo de Pekín estaba de color azul turquesa. Inspiré el aire frío y vigorizante mientras las urracas, posadas en los olmos que bordeaban las calles, gorjeaban sus canciones.

La entrada del Instituto de Lenguas Extranjeras estaba abierta de par en par e invitaba a los estudiantes a pasar directamente a los edificios de administración. Hua, otra amiga mía de la infancia, se topó conmigo en el Departamento de Inglés y la cara se le iluminó con una gran sonrisa.

–¡Estás en mi clase!

Casi la asfixié del abrazo tan fuerte que le di. Me sentí como si tuviera otra vez nueve años y hubiera vuelto a la escuela de idiomas.

Cogidas del brazo, caminamos hasta nuestra aula. La mayoría de estudiantes de mi clase procedía de las dos antiguas escuelas de idiomas de Pekín, por lo que me sentí como si participara en una reunión muy esperada de antiguos alumnos. Al mirar a mi alrededor, no pude evitar tener un *déjà vu* por los pupitres y las sillas de madera, el alto podio del profesor y el aula de aspecto espartano. Ese día todo me resultaba lo más bonito del mundo. Parecía que habían pasado siglos desde que me senté por última vez con mis compañeros. Ahora que éramos adultos, por fin nos habíamos reencontrado.

Nos asignaron los mejores docentes que tenía el centro, de Canadá, de Nueva Zelanda, de Estados Unidos y también había unos cuantos de los mejores antiguos estudiantes de nuestro propio instituto. El plan de estudios obligatorio incluía lengua inglesa, literatura norteamericana, lingüística, sociología, lengua china y política. Durante el primer mes, dedicamos unas cuantas horas de clase a la Declaración de Independencia, que muchos de nosotros era la primera vez que leíamos. Sentí curiosidad y a la vez me impresionaron los ideales igualitarios de los Padres Fundadores de Estados Unidos, cuyos descendientes modernos se habían convertido en los enemigos de nuestro país. La mayoría de nosotros también trató de memorizar el *Discurso de Gettysburg* escrito por un presidente norteamericano con un pasado admirable, que pasó de ser un agricultor autodidacta a convertirse en el líder de la lucha de su nación contra la esclavitud.

Para completar el material de nuestra clase, asaltamos la pobre biblioteca del centro. Yo fui directa a las estanterías donde se hallaban las obras de Shakespeare cubiertas de polvo, una colección más pequeña que la del señor Hu. Un día me dio un vuelco el corazón cuando descubrí en el fondo de un estante, en el rincón más escondido de la biblioteca, una antigua antología de los discursos de Winston Churchill, del que mi profesor particular me había hablado con gran admiración. Sólo había leído dos de sus discursos, pero no se me había olvidado aquel tono decidido cuando anunció al mundo que Gran Bretaña estaba preparada para luchar en el campo y en la calle, y que nunca se rendiría. Me llevé el libro a mi habitación, lo dejé junto a la almohada para leerlo en cuanto me despertara por la mañana y justo antes de apagar la luz por la noche, como un niño que se premia con unos caramelos buenísimos. Estaba en el cielo.

Pero mi experiencia celestial en la universidad sólo duró un corto año y medio. De pronto el director del Departamento de Inglés nos llamó a unos cuantos a su despacho.

–Habéis sido seleccionados para cambiar vuestra insignia blanca de estudiantes por la roja de profesores –anunció–. Un honor excepcional.

Después de diez años de escasez de enseñanza por culpa de la Revolución Cultural, las universidades de toda China necesitaban docentes jóvenes y muchas decidieron usar a algunos de sus estudiantes. Aunque me sentí honrada porque me habían elegido, de algún modo también era una desventaja. Había disfrutado cada día de mi bien merecida vida de estudiante y ahora, ¿se había acabado para siempre?

La respuesta a esa pregunta la recibí de improviso una noche, no mucho después. Cuando estaba a punto de sentarme en la cafetería del instituto para comer una cena sencilla, Ning, un antiguo compañero de clase de la escuela de idiomas, me siguió hasta la mesa y en voz baja me hizo una pregunta que me cogió por sorpresa:

178

–¿Te gustaría ir a estudiar a América?

China acababa de reanudar las relaciones diplomáticas con Estados Unidos. Había muy poca gente que yo conociera que tuviera información de primera mano sobre nuestro antiguo enemigo. Recordé que no hacía mucho nos habíamos manifestado en contra de la invasión estadounidense en Vietnam.

–Tengo un amigo americano que es profesor aquí, en Pekín –me explicó Ning– y me ha pedido que recomiende algunos estudiantes para que vayan a estudiar a Estados Unidos. –Luego me advirtió–: Por si acaso, tenemos que hacerlo sin que lo sepa el instituto, claro. ¿Te gustaría conocerlo?

Le respondí que por supuesto.

Al día siguiente fuimos en bicicleta hasta el Instituto de Ciencias de la Educación de Pekín para mi primera reunión con el profesor americano de origen chino que tenía mi edad.

–¡Buenas! –dijo en chino con un fuerte acento americano–. Soy Justin Kee.

Justin era un americano de tercera generación, cuyos abuelos habían emigrado de la provincia de Guangdong. Poco después de acabar la universidad en Harvard, según me contó Justin, había aceptado con entusiasmo aquel puesto de profesor para volver a la tierra de sus antepasados.

–Unas cuantas universidades norteamericanas me han pedido que les lleve estudiantes chinos –dijo–. Me gustaría saber si estás interesada.

–Sí –contesté–. Pero no sé cómo voy a pagarlo.

179

–Estas universidades ofrecen becas completas a los candidatos que reúnan todos los requisitos necesarios y yo estaría encantado de ayudarte a intentarlo.

Pensé que era demasiado bueno para ser cierto y Justin me leyó la mente.

–Querer es poder –me aseguró.

Poco después volví a reunirme con Justin, pero esta vez con otros dos estudiantes de mi universidad. Uno de ellos era mi amiga Hua, a la que había convencido para que se presentara conmigo. En esta ocasión Justin nos entregó varios formularios gruesos de solicitudes. Durante los días siguientes, Hua y yo nos encerramos en nuestras habitaciones y empezamos el proceso de solicitud. Hacía algún tiempo, su padre le había comprado en Hong Kong una máquina de escribir pequeña y la aprovechamos para rellenar los formularios y escribir las redacciones necesarias. En secreto, le pedimos a tres de nuestros profesores de confianza, incluido nuestro jefe de estudios, el profesor Su, que nos escribieran cartas de recomendación y aceptaron con valor. Hua y yo no le contamos a nadie más lo que nos traíamos entre manos. Para nosotras no era difícil guardar un secreto después de lo que habíamos vivido durante la Revolución Cultural.

Luego llegó la larga espera. Traté de no albergar muchas esperanzas, aunque en lo más profundo de mi corazón estaba llena de entusiasmo. Finalmente, un día soleado a finales de primavera, oí que llamaron a mi puerta. Era Justin con un sobre pequeño en la mano y una gran sonrisa en el rostro.

–¡Te lo dije, querer es poder!

Me habían ofrecido una beca completa para la Universidad de Swarthmore, cerca de Filadelfia, la ciudad del amor fraternal. A mis otros dos amigos los habían aceptado en universidades diferentes. Se me abría una nueva puerta a un mundo que era tan excitante como extraño.

Pero unos pocos días más tarde, aquella puerta pareció cerrarse de nuevo cuando el profesor Su vino a verme.

–Me temo que ha habido un terrible error –dijo todavía resollando después de subir las escaleras–. La secretaria a la que le pedí que escribiera tus cartas de recomendación se asustó e informó de todo a las autoridades de la universidad –explicó–, por lo que han convocado una reunión urgente el domingo.

–¿Qué?

–Estoy preocupado –dijo–. Pueden utilizaros como cobayas para que otros no soliciten plaza en universidades fuera de China.

Fui a buscar a mis amigos enseguida. Los cuatro, incluido Ning, nos encontramos en un rincón desierto del campus.

–Hablaré con el decano –se ofreció voluntario Jin, el tercer alumno seleccionado–. Y vosotros id a pedirle ayuda a los otros profesores.

Quedamos en reunirnos otra vez a la hora de comer. Inmediatamente, Hua y yo fuimos a ver al profesor Xu, una autoridad muy respetada en literatura inglesa.

–¿Qué nos pueden hacer? –le preguntamos.

–Es muy difícil saberlo, pero lo peor podría ser la expulsión –nos contestó.

–¡Dios mío!

–Hablaré con el rector a vuestro favor –dijo el profesor Xu–, pero no sé si está en posición de ayudaros. También tiene las manos atadas.

Dejamos a nuestro profesor incluso más apesadumbradas que antes. Al día siguiente tendríamos la tierra prometida o una expulsión permanente, lo que nos impediría marcharnos del país, puesto que sin un permiso por escrito de la universidad o de una unidad de trabajo oficial, el Departamento de Policía no expedía ningún pasaporte. Aquella noche parecía no acabar nunca y no pude pegar ojo. A medianoche, dejé de intentar dormir, me vestí y salí de la residencia de estudiantes.

Aquella noche de primavera era fría y tranquila. La universidad ahora me era tan familiar como una vieja amiga. Incluso las oscuras siluetas de los monótonos edificios, de un color gris uniforme, me reconfortaban. Por los pasillos del centro había practicado mi inglés todas las mañanas al alba junto con cientos de estudiantes. Allí, a menudo mis amigos y yo colocábamos una malla casera para jugar a badminton después de clase. En verano, la piscina descubierta era mi lugar preferido. Y siempre podía encontrar un rincón tranquilo en aquel campus concurrido para escuchar los programas de radio de la *Voice of America* o de la *British Broadcasting Corporation,* la BBC. Por primera vez en diez años, parecía haber una libertad académica cada vez mayor, así como un compañerismo alentador entre los alumnos. Aquí, por fin, me sentía como en casa. ¿Me iban a obligar a dejar todo aquello en unas pocas horas?

Le eché un vistazo al campus y paseé otra vez por los caminos conocidos y protegidos de la luz, hasta que quedó todo a oscuras. Cansada y un poco resignada, al final regresé a mi habitación.

Al día siguiente Hua y yo nos levantamos temprano. El campus estaba casi vacío, pues los estudiantes se habían ido fuera el fin de semana. Recogimos la ropa sucia y nos pusimos juntas a lavar a mano bajo el agua fría del grifo, como habíamos hecho todas las semanas durante los dos últimos años; la tensión aumentaba conforme pasaban las horas. Finalmente nos llamaron al despacho del rector. Siempre me había gustado aquel hombre, un anciano tranquilo de sonrisa cálida. Aquel día estaba tranquilo, pero no sonreía y fue directo al grano.

–La universidad quiere que los tres vayáis a casa y le pidáis a vuestros padres que nos escriban su opinión sobre lo que habéis hecho. Entonces decidiremos qué hacer con vosotros.

Nos marchamos a casa, sorprendidos por la simplicidad de la petición.

Después de escuchar mi historia, Baba se rió.

–La universidad sólo quiere tener un documento escrito de alguien con un nivel político superior para saber a quién echar la culpa si algo sale mal.

Claro, pensé. Jin era el hijo de un poderoso alto cargo del gobierno. Nuestra universidad seguiría cualquier indicación que su padre escribiera en su carta.

Volví a clase con una breve nota de Baba que apoyaba mis esfuerzos. Jin volvió con una carta firmada por su madre que decía, «Mi hijo ya tiene veintiún años y creo que es lo bastante maduro como para decidir su propio futuro». Como mi padre se había imaginado, la profética carta nos abrió otra vez la puerta hacia la tierra prometida. Iba a estar entre uno de los primeros grupos de estudiantes chinos desde 1949 que estudiaría en América.

Tengo un vago recuerdo de las semanas que siguieron a aquel día, pero sí sé que estuvieron llenas de fiestas de despedida celebradas por la familia, los amigos y los compañeros de clase. No había vuelo directo de Pekín a Estados Unidos, así que decidí coger un tren hasta Guangzhou y luego otro a Hong Kong, donde la Pan Am me llevaría a occidente.

Toda mi familia y muchos amigos me vinieron a despedir a la estación de tren de Pekín. Baba, que por fin había salido del campo de trabajos forzados de Shanxi y había vuelto a casa para siempre, se aseguró de que todo el mundo estuviera alegre, como si sólo me fuera otra vez al internado. Hice lo que pude por animar a Lao Lao. A los setenta años, todavía era la gracia y la elegancia personificadas. El paso del tiempo había sido indulgente con ella, aunque la vida no la hubiera tratado igual. Para la ocasión, se había puesto una blusa nueva de seda, de color azul claro, y unos pantalones a juego. El pelo, con algunos mechones plateados, lo llevaba bien peinado hacia atrás, sujeto con una cinta negra que le había comprado en un mercado del barrio. La cogí del brazo mientras nos acercábamos al tren, como había hecho toda mi vida, apoyada en ella en busca de seguridad, consuelo y amor.

Cuando finalmente subí al tren que me llevaría a la frontera sur de China, Lao Lao alargó el brazo para darme un paquetito. Le cogí las manos hasta que Wen y Mama nos convencieron para que nos soltáramos. Di Di y otros amigos me despidieron con la mano mientras caminaban junto al tren que se marchaba. A través de la ventana abierta, miré por última vez a mis seres queridos.

A los cincuenta años, y por fin libre de la gran cantidad de pesadillas de la década anterior, Baba y Mama estaban listos para una segunda primavera. Di Di era alumno de primer año en mi universidad. Mi mejor amiga de los diecisiete años, Wen, se había convertido en la jefa de enfermeras de un hospital militar. Ahora, ambos tenían las manos alzadas y me decían adiós. Cuando el tren comenzó a coger velocidad, vi que Lao Lao sacaba su pañuelo para enjugarse las lágrimas. De repente me sentí presa de una soledad persistente, justo como aquel día cuando tenía nueve años y me senté, sola, en la cama del internado. ¿Qué me esperaba en América?

Luego me acordé del pequeño paquete que me había dado Lao Lao. Le quité con impaciencia el papel que lo envolvía y descubrí una bolsita de terciopelo rojo. Dentro había un collar de oro con el nombre de pila de Lao Lao, Zhen, que significaba lealtad, grabado en el centro del colgante. Mientras trataba de reprimir las lágrimas, pasé la mano por el relicario en forma de corazón, que mi abuela había llevado tantos días felices y tristes. ¿La volvería a ver alguna vez?

Mi última noche en China la pasé en Guangzhou. Intenté, aunque sin éxito, cerrar los ojos y calmar mi mente.

Me quedé horas tumbada pensando en la luz del sol y en las sombras, en las canciones y en las penas. Mi país había sufrido y yo había sufrido con él. China fue la tierra donde nací, la que me dio amor y amistad. Pero también fue el sitio de mis peores pesadillas. La gente puede verlo de modos distintos. Algunos lo valoraran positivamente, otros serán más duros. Para mí, en cambio, China simplemente fue mi hogar, el aliento y la vida de mi infancia y de mi juventud.

A la mañana siguiente, bajé del tren en la frontera de Hong Kong y me quedé en el límite entre el continente y la colonia británica. Sabía que aunque China iba a estar allí siempre, como había estado miles de años, ya no sería lo mismo para cualquiera que se marchara.

Para cruzar la frontera hacia Hong Kong, todos los viajeros tenían que atravesar un puente centenario, llamado Luohu. Había carretillas en el lado continental, así que cargué mis dos pesadas maletas en una de ellas. Eché un último vistazo al país que había llamado hogar durante veintiséis años, cogí la carretilla y me uní a la multitud que avanzaba despacio y en silencio. Había llegado la hora de cruzar aquel puente.

Epílogo

尾聲

Mientras le doy los últimos retoques a estas memorias, han pasado veintiséis años desde que dejé China para marcharme a América. He vivido en los dos mundos exactamente el mismo tiempo. Para ayudarme a recordar, volví al lugar donde se hallaba nuestra casa con patio de Pekín.

Aquel día de principios de primavera, cayó una nevada ilógica, pero pude ver unos narcisos dorados que asomaban en el suelo helado. Sentada allí de nuevo, entre los ladrillos rotos, sentí que el pasado se despertaba en mi mente. Allí, bajo la seguridad de mi recuerdo, no me podían robar nada. Volvía a estar en mi hogar.

Cronología

1912   Finaliza la última dinastía imperial de China, la Qing, y comienza la República.

1937   En Lugouqiao (el puente de Marco Polo), a treinta kilómetros al sudoeste de Pekín, los soldados japoneses disparan al ejército chino, lo que desencadena el «Incidente de China», una guerra no declarada.

1937-45 La Guerra de la Resistencia contra Japón.

1945   Japón se rinde.

1946-49 Guerra civil entre el Ejército Nacionalista y el Ejército de Liberación del Pueblo.

1949   Se funda la República Popular China.

1950-53 La guerra coreana.

1958   El Gran Salto Adelante.

1959-61 El hambre y la sequía causan millones de muertos.

1966   Empieza la Gran Revolución Cultural Proletaria.

1972   El presidente Richard Nixon visita China. Se firma el Comunicado de Shanghai, que facilita las relaciones entre China y Estados Unidos.

1976   **Enero.** Muere el primer ministro Zhou Enlai.
        Abril. Disturbios en la plaza de Tiananmen, Pekín.
        Julio. Muere el mariscal Zhu De.
        Un terremoto destruye Tangshan.
        Septiembre. Muere el presidente Mao Zedong.
        Octubre. Arrestan a la Banda de los Cuatro.
        Termina oficialmente la Revolución Cultural.

1977   Se reanudan los exámenes de acceso a la universidad por primera vez después de diez años.

1979   Estados Unidos y la República Popular China establecen unas relaciones diplomáticas plenas.

Glosario

baba Padre.

Banda de los Cuatro Los cuatro líderes responsables de los excesos de la Revolución Cultural. La más notable de la Banda de los Cuatro fue Jiang Qing, la viuda de Mao. Los otros eran Wang Hongwen, Yao Wenyuan y Zhang Chunqiao.

changpao Túnica tradicional.

Chiang Kai-sek (1887-1975) Líder de los Nacionalistas, del Kuomintang (KMT), desde 1928 a 1975. Después de que las tropas nacionalistas se retiraran a Taiwan, siguió siendo presidente y director general del KMT hasta su muerte.

da jiu Tío materno mayor.

dazibao **(pósters de caracteres grandes)** Una forma de propaganda que consistía en un gran cartel escrito a mano. Durante la Revolución Cultural, los *dazibao* se utilizaban para atacar y deshonrar a la gente.

di di Hermano pequeño.

El Gran Salto Adelante Una campaña industrial y agrícola que se llevó a cabo entre 1958 y principios de la década de 1960. Los programas se pusieron en práctica tan pronto y con tanto afán, que se cometieron muchos errores. A dichos errores les acompañaron una serie de desastres naturales y la retirada del personal técnico soviético, lo que provocó un gran deterioro de la agricultura China con la consecuente hambruna desde 1959 a 1961.

La Guardia Roja Grupos políticos formados por estudiantes universitarios y de enseñanza secundaria que se crearon durante la Revolución Cultural. Como respuesta en 1966 a la llamada del presidente Mao para estimular el espíritu revolucionario, intentaron eliminar del país la cultura anterior al comunismo. Como eran millones de miembros, muchos atacaron y persiguieron a líderes de partidos locales, a profesores y a otros intelectuales.

Guerra de Resistencia (1937-45) Una guerra importante entre la República de China y el Imperio de Japón antes y durante la Segunda Guerra Mundial. Aunque ambos países se habían enfrentado intermitentemente desde 1931, empezó una guerra declarada en 1937 y acabó cuando Japón se rindió en 1945. Desde 1937 a 1941 China luchó sola. Después del ataque a Pearl Harbor, la Guerra de Resistencia se fundió con un conflicto más grande, la Segunda Guerra Mundial.

hongweibing (véase **Guardia Roja**).

huaishu Sófora.

huanying Bienvenidos.

hutong Calles estrechas o callejones que se suelen relacionar con Pekín.

jin Unidad de peso, algo menor que un kilo.

jiu jiu Tío materno.

kang Cama de ladrillo o de arcilla, con un agujero en el centro para que el calor de la habitación contigua (por lo general, la cocina) pueda entrar y calentar la cama.

lao lao Abuela materna.

lao ye Abuelo materno.

El Libro Rojo Una edición de bolsillo con citas del presidente Mao.

Mao Zedong (1893-1976) Fundador del Partido Comunista Chino en 1921, que lideró la República Popular China desde 1949 hasta su muerte. Como presidente del partido y el primer jefe de estado del país, inició el Gran Salto Adelante y fue una figura importante de la Revolución Cultural.

Partido Comunista Chino (PCC) Un partido político fundado en 1921. Se convirtió en el partido dirigente de la República Popular China en 1949.

Partido Nacionalista (Kuomingtang, KMT) Partido político fundado por Sun Yat-sen y sus seguidores en 1912 y encabezado por Chiang Kai-shek desde 1928 a 1975. Ha sido el partido dominante en Taiwan desde 1949.

Pueblo Periódico oficial del gobierno chino.

República de China Establecida en 1912, sustituyó a la dinastía Qing y acabó con más de dos mil años de dominio imperial en China. La República de China pasó por periodos de caudillismo, invasión japonesa y guerra civil entre el Kuomintang y los Comunistas. En 1949, la República Popular China sustituyó a la República de China en el continente.

República Popular China Después de una dura guerra civil (1946-49) entre los Nacionalistas, con Chiang Kai-shek al frente, y los Comunistas, encabezados por Mao Zedong, se estableció en la China continental una república popular dirigida por Mao Zedong y los Nacionalistas huyeron a Taiwan.

Revolución Cultural (La Gran Revolución Cultural Proletaria) Un movimiento político iniciado por Mao Zedong que duró desde 1966 hasta 1976. Sus características principales fueron un fanatismo político, la purga de intelectuales y un caos socioeconómico.

se Una antigua cítara (instrumento de cuerda) china.

sihai (los cuatro males) La definición de Mao incluía a los gorriones, las ratas, las moscas y los mosquitos. A principios de 1958, el gobierno promovió una campaña de saneamiento con el objetivo de eliminar a estos *sihai* del país en diez años.

siheyuan **(casa con patio)** Un tipo de residencia que se encuentra comúnmente en China, sobre todo en Pekín. Consiste en un patio rodeado de cuatro edificios.

Sun Yat-sen (1866-1925) Está considerado el padre de la China moderna. Educado en Hawai y Hong Kong, Sun inició su carrera profesional en 1892, pero dejó de ser médico dos años después para meterse en política. Fue el presidente provisional de la República de China desde 1911 hasta 1912, después del derrocamiento de la dinastía Qing.

taiji Más conocido como taichi, *t'ai chi* o *taijiquan*, este arte marcial chino fue originariamente un sistema de lucha potente y eficaz. Hoy en día el taiji se practica a menudo como medio para lograr una buena salud.

tianzu La traducción literal del término es «pies celestiales». Algunas personas en China lo usaban para referirse a los pies de las mujeres que podían crecer de forma natural, en contraposición con los que se ataban a muy temprana edad.

ye ye Abuelo paterno.

yi yi Tía materna.

yuan Denominación de la moneda oficial de la República Popular China.

zhichuang Postigos.

Zhou Enlai (1898-1976) Primer ministro de la República Popular China desde que se fundó en 1949 hasta su muerte. Zhou se hizo comunista mientras estudiaba en Francia y fue uno de los organizadores del Partido Comunista Chino en Europa. Cuando los Comunistas prevalecieron sobre los Nacionalistas, Zhou se convirtió en primer ministro. Durante la Revolución Cultural Zhou ayudó a contener a los extremistas y colocó otra vez en el poder a Deng Xiaoping y a otros moderados. Se le atribuyó el encuentro histórico entre el presidente Richard Nixon y el presidente Mao Zedong, que allanó el terreno para la normalización de las relaciones diplomáticas entre los dos países.

zhubo Tiras de bambú o de seda que se usaban para escribir en la antigua China antes de que existiera el papel.

Zhu De (1886-1976) Líder militar y hombre de estado, considerado uno de los fundadores del Ejército Rojo Chino. Después de 1949, le nombraron comandante en jefe del Ejército de Liberación del Pueblo. En 1966 fue destituido de su puesto en el Comité Permanente del Congreso Nacional del Pueblo, pero se reincorporó en 1971.

zu ye Bisabuelo paterno o materno.

Agradecimientos

Como la vida, una publicación no es un viaje solitario. Tengo la suerte de tener amigos y familia a ambos lados del mundo, en China y en Estados Unidos, que me han ayudado a formarme y a mantenerme tanto en la vida como en este proceso creativo. Me recuerdan constantemente cómo cada uno de estos dos países me ha permitido entender mejor al otro.

Me gustaría agradecer a mi familia china y americana, algunos parientes consanguíneos y la mayoría por elección, por ayudarme a crear y a comprender las experiencias de mi vida. A mis padres, Baba y Mama, gracias por inculcarme el sistema de valores que ha sido mi esencia. Gracias a mis tías y a mis tíos por protegerme desde que llegué al mundo. A mi hermano, Di Di, le doy las gracias por compartir aquellos días felices y desafiantes de nuestra infancia. A mis profesores y amigos Hu Shuyuan y

Chen Jianing, a los que siempre les estaré agradecida por su orientación e instrucción en momentos de mi vida en los que me negaron una educación superior.

Y a mis queridos amigos de hace cuarenta años, Huang Jianhua, Lei Yan y Xie Gang, gracias por vuestra inquebrantable amistad después de todo lo que hemos vivido y por ayudarme a cribar mis recuerdos.

Si mi familia china me ayudó a dar forma a mis memorias, mi familia americana me ayudó a darles perspectiva. Me gustaría mostrar mi más sincero agradecimiento al doctor Howard Rosenblatt. Él y su familia me han aceptado como uno de los suyos desde que llegué a Estados Unidos y celebramos siempre juntos la cena de Pascua judía. A Camille y Joyce Sarrouf, que nos han abierto su casa y sus corazones a mi marido y a mí; ninguna Navidad, ni día de Acción de Gracias ni Pascua sería lo mismo sin ellos. A mis otros hermanos y hermanas americanos, Joe y Julie Pelan, Steve Andress, Debie Kee, y Phill y Liz Gross, gracias por vuestro amor y por vuestro interés en mi manuscrito. A mis amigos y a mis antiguos profesores David Hall y Alan Lawson, gracias por vuestros comentarios tan intuitivos y por vuestra amistad. A mis amigos Hualing Nie-Engel y Natasa Dovonolova, os estoy muy agradecida por haber leído con tanto detenimiento el manuscrito y por vuestras perspicaces observaciones.

También le doy las gracias a mi suegra, Kay Pease, y a mis amigos Susan Roosevelt Weld, Bill Frohlich, Lexa Marshall, Betty Lowry, Adrienne Richard y Richard Harley. Mi más sincero agradecimiento a Wendy Strothman, mi amiga y agente literaria, –eres un sueño hecho realidad para cualquier aspirante a escritor–; a mi editora, Melanie Kroupa, por su sabiduría, su paciencia y sus consejos; y a todos los demás de Farrar, Straus and Giroux que contribuyeron a la creación de esta obra.

No es una exageración decir que este libro no se hubiera concebido ni completado sin mi marido, Paul Marcus, que me animó, desde el día que nos conocimos, a compartir mi historia con otras personas. Durante los doce años de nuestro matrimonio, me ha ayudado a recortar y a dar forma a todos los capítulos, y ha sido su fe en mi experiencia lo que me ha mantenido a lo largo del padecimiento inevitable y la imprevisión de este viaje.

Álbum de fotos

A los cuatro años, en el patio de Lao Lao, dispuesta a ayudar.

Mi abuela, Lao Lao, mi ángel de la guarda.

Lao Lao en nuestro patio (década de 1960).

Lao Lao, Lao Ye y yo (1954).

Mama, Di Di, Baba y yo (1963).

Una antigua casa con patio en Pekín.

Baba cuando era un soldado adolescente, delante de una bandera conmemorativa.

El altar del sol en el Templo del Sol.

Un camino tranquilo del Templo del Sol.

Índice

MOYING LI

Moying Li nació y se crió en Pekín, China. En 1980 se trasladó a Estados Unidos para continuar con sus estudios. Fue una de las primeras estudiantes en marcharse de China desde 1949. Fue a la Universidad de Swarthmore, donde se licenció en Filosofía y Letras, y más tarde obtuvo un master en Administración de Empresas y un doctorado en la Universidad de Boston.

Su primer libro, *Beacon Hill: The Life & Times of a Neighborhood*, ganó el Julia Ward Howe Award del Boston Authors Club.

Actualmente es vicepresidenta y analista sénior de una empresa de inversiones con sede en Boston. Vive entre Boston y Pekín con su marido, Paul Marcus, y Lai Lai y Mei Mei, sus perros labradores.

Bambú Grandes lectores

Bergil, el caballero perdido de Berlindon
J. Carreras Guixé

Los hombres de Muchaca
Mariela Rodríguez

El laboratorio secreto
Lluís Prats y Enric Roig

Fuga de Proteo 100-D-22
Milagros Oya

Más allá de las tres dunas
Susana Fernández Gabaldón

Las catorce momias de Bakrí
Susana Fernández Gabaldón

Semana Blanca
Natalia Freire

Fernando el Temerario
José Luis Velasco

Tom, piel de escarcha
Sally Prue

El secreto del doctor Givert
Agustí Alcoberro

La tribu
Anne-Laure Bondoux

Otoño azul
José Ramón Ayllón

Bambú Vivencias

Penny, caída del cielo
Retrato de una familia italoamericana
Jennifer L. Holm

Saboreando el cielo
Una infancia palestina
Ibtisam Barakat

Nieve en primavera
Crecer en la China de Mao
Moying Li

La Casa del Ángel de la Guarda
Un refugio para niñas judías
Kathy Clarke

Bambú Exit

Ana y la Sibila
Antonio Sánchez-Escalonilla

El libro azul
Lluís Prats

La canción de Shao Li
Marisol Ortiz de Zárate

La tuneladora
Fernando Lalana

El asunto Galindo
Fernando Lalana

El último muerto
Fernando Lalana

Amsterdam Solitaire
Fernando Lalana

Tigre, tigre
Lynne Reid Banks

Un día de trigo
Anna Cabeza

Cantan los gallos
Marisol Ortiz de Zárate